中国财富管理发展指数

2020

中国财富管理发展指数课题组　著

Wealth Management Development Index of China

中国人民大学出版社
·北京·

图书在版编目（CIP）数据

中国财富管理发展指数．2020/中国财富管理发展指数课题组著．--北京：中国人民大学出版社，2021.3
ISBN 978-7-300-29106-2

Ⅰ．①中… Ⅱ．①中… Ⅲ．①投资管理-指数-研究报告-中国-2020 Ⅳ．①F832.48

中国版本图书馆 CIP 数据核字（2021）第 045402 号

中国财富管理发展指数（2020）
中国财富管理发展指数课题组　著
Zhongguo Caifu Guanli Fazhan Zhishu（2020）

出版发行	中国人民大学出版社		
社　　址	北京中关村大街 31 号	**邮政编码**	100080
电　　话	010－62511242（总编室）		010－62511770（质管部）
	010－82501766（邮购部）		010－62514148（门市部）
	010－62515195（发行公司）		010－62515275（盗版举报）
网　　址	http://www.crup.com.cn		
经　　销	新华书店		
印　　刷	北京玺诚印务有限公司		
规　　格	185 mm×260 mm　16 开本	**版　　次**	2021 年 3 月第 1 版
印　　张	11.75　插页 1	**印　　次**	2021 年 3 月第 1 次印刷
字　　数	162 000	**定　　价**	49.00 元

前　言

2014年初，青岛市财富管理金融综合改革试验区正式得到国家批复，成为我国财富管理行业发展中的标志性事件，也意味着财富管理真正成为国家金融改革发展的前沿重点。六年来，无论是在中国还是在全球范围内，财富管理行业的发展都出现了一些新的特征。从全球范围来看，不同国家财富管理行业的发展出现了一定的分化。西方发达国家逐渐走出了次贷危机的阴影，虽然整体增速依旧弱于新兴市场，但是凭借良好的金融市场环境和优质的管理服务团队，依然主导着全球财富管理行业发展的高端市场。以中国为代表的新兴市场国家近年来财富规模快速集聚，行业在短期内呈现出强劲的发展态势。从中国国内的情况来看，财富管理行业规模逐年扩张，发展环境日益改善，但是区域发展不平衡、产品创新步伐缓慢、专业技术人员匮乏等制约行业发展的因素依旧存在。中国财富管理行业还有较大的发展空间。

为更加深入地了解各地财富管理发展的现状、成果及前景，并且加以横向对比，总结经验，有必要编制一套能够综合反映世界各地区以及我国财富管理发展状况的指数体系，以跟踪财富管理发展动态，进一步为财富管理实践提供指导和参考。在此背景下，中国人民大学研究团队从2017年起，组织编写《中国财富管理发展指数》报告，并基于全球财富管理的具体实践，逐年对报告进行更新，形成了2020年财富管理报告。该报告旨在从不同角度对财富管理行业的发展进行指数化，进而分析行业发展近年来的最新动向。

本报告主体部分包括七章。第一章为导论部分。第二章介绍了报告涉及的指数的编制方法，主要包括数据的无量纲化和指标权重的确定。第三章至第六章从四个维度构建了相应的指数，即全球财富管理发展宏观指数、中国财富管理行业发展指数、区域财富管理指数以及财富管理前瞻指数。第七章为本书的主要结论。报告试图基于可靠的数据来源、科学的指标体系，对中国财富管理发展进行翔实而富有深度的刻画，对财富管理行业的研究提供一定的帮助。接下来，我们对本报告的主要内容和结论做简单介绍。

第二章既是对本报告研究方法的阐述，也是对指数设计合理性的说明。指数编制方法的核心在于数据的无量纲化和指标权重的确定两个方面。其中数据的无量纲化是通过数学变换来消除原始变量（指标）的量纲影响。在本书中，我们针对数量指标提出了正、逆指标无量纲化计算公式；针对域型指标提出了中间型、区间型指标无量纲化；针对定性指标规定了不同类别的取值，并依据偏大型柯西分布和对数函数对取值进行了标准化。给定指标数值的计算结果之后，指数的构建需要在上述结果的基础上对不同指标赋予合理的权重。权重的确定可能会引起被评估对象优劣顺序的改变，进而直接影响综合评估的结果，因此，这一环节在指标评估中至关重要。我们在报告中介绍了专家打分法、层次分析法、主成分分析法、VAR脉冲响应法以及动态模型选择的时变向量自回归（TVP-FAVAR）模型法在确定权重时的具体步骤，并对各方法的科学性进行了说明。

第三章至第六章从四个维度构建了相应的指数。第三章介绍了全球财富管理发展宏观指数，以全球性、开放性的视野，借鉴海外较为成熟的财富管理市场的发展规律，提升了指数的参考价值和编制效果。具体来说，第三章通过指数评分、行业分析两个部分，对全球财富管理行业的总体现状、地区特征、产品特征等进行了清晰的分析与归纳。

第四章介绍了中国财富管理行业发展指数，主要从行业规模、产品、机构发展、机构声誉和人才队伍五个方面度量了中国财富管理行业的发展状况，动态刻画了近年来我国财富管理行业的整体变化情况。为了保证该指数的科学性、系统性与完整性，本报告充分考虑了当前中国财富管理行业的发展特征，选取了银行业、证券业、保险业、信托业和基金业五个行业的财富管理规模、财富管理产品发行情况和机构集中度作为一级指标，并根据具体业务将一级指标细分为若干二级指标，以此为基础构建中国财富管理行业规模指数、产品指数和机构发展指数等。

第五章介绍了区域财富管理指数，以全面反映地区财富管理的发展环境、地区金融业发展、地区财富管理需求状况和地区财富管理行业规模为出发点，设置了地区经济市场化程度、地区金融发展政策支持程度、地区金融规划重视程度、地区财富管理需求状况、地区财富管理规模和地区理财师数量 6 个一级指数、23 个分项指数和 18 个二级分项指数，以尽可能全面地反映地区金融，尤其是财富管理行业的发展状况。区别于一般商业机构的行业发展分析，本报告更加侧重于从宏观角度了解和跟踪行业发展状况，所以相应指标以省市级层面指标为主。同时，为保证横向的可比性，对同一指标各地区数据均采用相同的时间基期，并依据不同数据适用的处理方法，对指标数据进行了标准化、加权处理与回归分析等，最终得出具有可比性的区域财富管理指数。

第六章介绍了财富管理前瞻指数，旨在从需求和供给两个角度对整个国家财富管理行业的发展前景进行预测，对行业内不同类型机构、不同产品的发展趋势进行预测，从区域角度对不同区域财富

管理行业发展潜力进行预测。

以上是本报告的核心思想与主要结论。在报告编制的过程中，我们得到了中国人民大学财政金融学院、青岛市金融工作办公室和青岛金家岭金融聚集区管理委员会的支持，特此致谢。

目　录

第一章 导 论

自1978年中国开始改革开放以来，中国经济快速增长。随着经济发展和财富积累，人们对财富管理有着巨大的需求，中国财富管理市场正在迅速扩张。本报告旨在编制一套能够综合反映世界各地区尤其是我国财富管理发展状况的指数体系，以跟踪财富管理发展动态，进一步为财富管理实践提供指导和参考。

本报告是我国首次从指数的角度对中国财富管理发展进行全面系统的分析。本报告编制的中国财富管理发展指数以科学性、前瞻性和国际性为原则，力求客观、量化地反映近年来中国财富管理行业的整体发展水平和动态变化特点。

第二章主要对指数的编制方法进行了说明。核心在于数据的无量纲化和指标权重的确定两个方面。其中数据的无量纲化是通过数学变换来消除原始变量（指标）的量纲影响。在本报告中，针对数量指标提出了正、逆指标无量纲化计算公式；针对域型指标提出了中间型、区间型指标无量纲化；针对定性指标规定了不同类别的取值，并依据偏大型柯西分布和对数函数对取值进行了标准化。

给定指标数值的计算结果之后，指数的构建需要在上述结果的基础上对不同指标赋予合理的权重。权重的确定可能引起被评估对象优劣顺序的改变，进而直接影响综合评估的结果，因此，这一环

节在指标评估中至关重要。我们在报告中介绍了专家打分法、层次分析法、主成分分析法、VAR 脉冲响应法以及动态模型选择的时变向量自回归模型法在确定权重时的具体步骤，对各方法的科学性进行了说明。第二章的内容主要是对本报告的研究方法的阐述，也是对指数设计的合理性的说明。

第三章介绍了全球财富管理发展宏观指数。从背景上看，全球财富管理行业在近两年继续保持良好发展态势，各大市场的高净值人群数量与财富规模稳中有增。美国在财富管理行业表现强势，而亚太地区在中国等经济体的带动下继续保持快速增长。相比发达国家的财富管理行业，发展中国家与新兴市场保持着较快增速，并推动了全球财富管理总规模稳步提升。

2020 年上半年，随着新冠肺炎疫情在全球蔓延，主要国家和经济体股票市场指数大幅下跌并急剧震荡，财富管理行业也受到显著冲击。但由于疫情期间全球采取卓有成效的政府救助措施，到 2020 年第二季度全球财富总量恢复到与 2019 年底相当的水平。随着全球主要经济体全年负增长（中国除外）和经济不确定性的持续增加，财富管理行业的发展面临新的挑战。全球财富管理在规模增速、层次结构、行业环境方面都有值得关注的新发展态势。

基于此，我们编制了全球财富管理发展宏观指数，通过对全球财富管理行业建立指标体系并进行评分，评估各地财富管理行业发展状况。在宏观指数编制过程中，我们一方面保持全球性、开放性的视野，充分借鉴海外较为成熟的财富管理市场的发展规律，提升指数的参考价值和编制效果；另一方面全面考察财富管理行业在不同国家和地区的具体发展状况，并在该行业的全球发展背景下，将中国市场的发展状况与其他国家和地区进行对比，提高总体结论的权威性和国际影响力。具体来说，这部分指数由三个一级指数构成，即规模指数、发展指数与环境指数，分别反映全球财富管理行业的体量，各地区财富管理行业的发展速度、需求的增长等情况，以及各地区财富管理行业的未来发展环境。

每个一级指数下均设置了若干个二级指数。例如，规模指数从

财富管理行业总规模、高净值人群财富所占份额、离岸财富管理规模三个方面进行测度；发展指数包含了财富管理规模增速和高净值人群财富增速；环境指数主要用世界著名非政府组织清廉国际发布的各国清廉指数（corruption perceptions index，CPI）进行反映。

根据财富管理行业发展水平与所在国地理位置，我们在全球财富管理发展宏观指数的设计过程中将全球划分为六大地区，即北美地区、西欧地区、拉美地区、东欧地区、中东与非洲地区以及亚太地区。这样的划分方法一方面有助于区分传统发达财富管理市场与新兴市场，另一方面也与波士顿咨询公司等机构发布报告的统计口径一致，便于数据收集和统计。参考国内外相关研究中关于指数编制的一些处理方法，全球财富管理发展宏观指数对所有指标值均通过计算 z 分数（z-score）进行了去量纲化，最终计算出各地区得分。对各地区得分进行处理、加总后，即可得到全球财富管理发展宏观指数，综合反映全球财富管理行业发展状况。

为保证数据口径的统一，指标的数据尽量从单独的数据库获得。从 2019 年全球财富管理宏观发展指数总分排序来看，北美地区位列第一，亚太地区位列第二，西欧地区和东欧地区得分相差不大，分别位列第三和第四，而得分较低的地区为拉美地区、中东与非洲地区，二者分别位列第五和第六。本报告对指数评分结果进行了归纳与分析。

最后，基于指数评分结果，结合其他文献资料，本报告对全球财富管理行业的发展概况进行了阐述，对高净值客户财富概况、财富管理产品与机构发展情况进行了分析。

在概览部分，我们认为近期全球财富管理行业发展较为稳定，如果世界经济在未来一段时间没有受到剧烈冲击，那么可以期望财富管理行业将继续维持相当大的增速。从全球各地区财富规模占比来看，北美财富管理在总量上继续领跑，而亚太地区呈现出强劲的增长势头，发展中国家市场份额也在稳步提升。除了地区的对比外，本报告还注意到国际金融中心排名的变化情况，发现大型国际金融中心地位稳固，而中国部分城市影响力上升。金融中心排名上升，能够综合反映我国财富管理行业在规模、增速和发展环境三个方面取得的进步，具有显著的积极意义。

在高净值人群财富管理部分，本报告综合了各个数据来源与不同的划分方法，从财富分布、人数分布的角度对高净值人群财富管理状况进行了分析。通过将高净值人群等级从高到低排列可以发现，世界范围内财富正在向“金字塔”顶端汇聚，最高财富等级客户的财富管理规模增长速度快于其他等级，这与指数评分的结果一致。

在财富管理产品与机构发展部分，本报告通过对产品和机构进行分析，试图为把握各地财富管理行业的内在特征、分析其行业规模与发展状况提供依据与补充。具体而言，新兴市场集中于投资性资产，而发达国家和地区则相反，各地区在对财富管理产品的重视程度和财富管理产品的需求上存在差异。值得注意的是，财富管理开始走上个性化道路，财富管理机构因此面临着更加艰巨的挑战。

总体来说，这一章通过指数评分、行业分析两个部分，对全球财富管理行业的总体现状、地区特征、产品特征等都进行了清晰的分析与归纳。

第四章从规模、产品、机构发展、机构声誉和人才队伍五个方面度量了中国财富管理行业发展状况。中国财富管理行业规模指数旨在动态刻画近年来我国财富管理行业规模的整体变化情况。为了保证该指数的科学性、系统性与完整性，我们充分考虑当前中国财富管理行业的发展特征，选取了银行业、证券业、保险业、信托业和基金业五个行业的财富管理规模作为一级指标，并在一级指标的基础上按具体业务细分为若干二级指标，以此构建2013—2020年中国财富管理行业规模指数。

在数据处理过程中，我们选择2013年为基期，并将基期指数定为100，对原始数据进行标准无量纲化处理，然后通过因子分析法，计算得到每个指标所占的权重。测算的结果表明：2013—2020年，该指数呈先增后减趋势。其中，2013—2016年增长迅猛，从基期的100增长到342.37，三年间增长了2.4倍；2018年指数首次出现回落；截至 2020 年上半年，指数为 351.24。分一级指数来看，七年间我国财富管理规模的各一级指数总体呈上升趋势，增长率整体呈现下降趋势。2020 年证券业和信托业规模指数均处于下降通道，而银行业、保险业和基金业指数逆势上涨。

中国财富管理产品指数旨在动态测度我国财富管理机构不同类别理财产品的发行数量。与规模指数类似，我们选取了银行业、证券业、保险业、信托业和基金业五个行业的财富管理产品发行数量作为一级指标，并将每个行业的产品细分为 12 个二级指标，以此来构建 2013—2020 年我国财富管理产品指数。我们在对数据进行标准化处理后，对其进行因子分析，计算得到了每个指标所占的权重，并以此测算出指数得分。结果表明，七年间我国财富管理产品指数呈先增后减两个发展阶段：第一阶段为 2013—2017 年的增长阶段，指数从 2013 年基期的 100 增长到 2017 年的 242.47，四年间增长了 1.4 倍；第二阶段为 2018 年至今的下降趋缓阶段，2018 年指数大幅下降至 191.18，同比下降了 21%，截至 2020 年上半年，指数为 115.65。分一级指标来看，七年来，证券业指数处于大幅波动状态，2013—2017 年呈上升趋势，但 2018 年出现大幅下降；基金业财富管理产品指数 2013—2015 年呈上升趋势，但 2017 年起进入下降通道；保险业指数整体呈上升趋势；信托业和银行业指数一直处于波动状态。

中国财富管理机构发展指数旨在通过对我国财富管理机构的集中度评估，动态刻画机构的整体发展情况。我们同样选择银行业、证券业、保险业、信托业和基金业五个行业作为一级指标，考察了 2013—2020 年我国财富管理机构的集中度变化情况。结果表明：我国财富管理机构发展指数从 2013 年基期的 100 发展至今，总体呈下降趋势，表明在过去的几年间我国财富管理机构的集中度逐步分散，其中，2020 年上半年我国财富管理机构发展指数为 90.79，同比下降 1.14%。分一级指数来看，五个一级指数的走势分化现象比较严重。银行业、基金业和保险业指数整体呈下降趋势；证券业指数近几年呈波动上升趋势；信托业指数则一直处于波动状态。

机构声誉指数反映了财富管理公司的客户满意度以及它们在社会上的声誉状况。声誉是衡量公司服务质量进而公司品牌价值外延度的重要指标，也是从质的角度对整个行业内机构发展状况的衡量，是行业发展水平的具体体现。我们利用两种方法对财富管理机构的声誉进行了指数测算。一方面，我们借助问卷调查的方式，对国内 19 个大型城市的个体居民进行了随机调查，从而直接获取了不同地区个体居民对境内各类财富管理机构的了解和认知情况。另一方面，我们借助近年来在资产定价领域常用的文本分析方法，从主流财经媒体的报道内容中提取报道不同机构的文章，并用这些文章反映出来的正负面情绪作为媒体对该机构的评价指标。基于问卷调查数据，我们计算出基于被调查者第一选择比例和加权选择比例的机构声誉指数，发现在所有类别的财富管理机构中，工商银行的社会声誉是最好的，包括银行业、保险业、信托业、基金业、证券业在内的多家机构进入前十的行列，而第三方财富管理公司和私募基金的排名则相对低一些。基于媒体报道数据，我们对每一年内 16 家主流财经媒体对 67 家主要财富管理机构的情绪值进行简单线性加权，得到 2012—2020 年间媒体对财富管理机构的情绪指数，指数得分表明，媒体对财富管理机构的看法整体上是越来越正面的，从媒体角度看，财富管理机构的声誉状况在持续改善。

人才队伍指数旨在对中国财富管理行业人才队伍的发展状况进行测度，希望能够根据行业专业人才队伍的发展情况对行业整体发展水平做出评判。对于财富管理机构而言，人才队伍的水平决定了机构的整体水平，而全行业专业人才队伍的质量则决定了中国财富管理行业的发展水平。在这一方面，我们统计了 2012—2020 年间中国 CFP（国际金融理财师）总量以及不同省（市、区）的 CFP 持证人数，对相关数值进行指数化处理，可以得到 2012—2020 年间 CFP 持证人总数的指数化结果。指数评分从一定程度上反映出，虽然近年来中国财富管理行业的从业人员数量和素质都有了持续的增长，但是行业内高端人才的发展依然比较缓慢，高端人才匮乏的局面并没有得到根本性改变。

第五章介绍了区域财富管理指数。该指数的构建基于三点考虑：第一，改革开放以来我国经济建设取得了举世瞩目的成就，但是，取得的成绩并不意味着我们的建设路途通畅，经济的快速增长伴随着经济环境的快速变化，这对于市场化目标还未完全实现的我们来说是成绩，更是挑战。如何把握住经济发展方向，跟上社会升级步伐便成为制定决策前需要首先思考的问题。第二，金融业随社会分工的深入及社会财富的积累而发展、成熟，并且对社会经济的高效运行起到促进作用。我国经济总量发展迅速，但金融业仍然相对落后，最终会对整个经济体的健康运行造成障碍。具体到财富管理上，我国财富管理行业的发展仍处于初级阶段，未来发展空间巨大，所以对于理解好、使用好、发展好金融业并且运作好财富管理工具有着现实的紧迫需求。第三，中国人民大学研究团队于2016年起开始编制中国财富管理发展指数，于2017年第一次发布《中国财富管理报告》，从学术角度分析财富管理行业的现状、热点和前景，至今已历时四年。经过四年的发展，我们希望更加清楚、深入地了解各地财富管理发展的现状、成果及前景，并且加以横向对比，总结经验，所以有必要编制一套能够综合反映我国各地区财富管理发展状况的指数体系，以跟踪行业发展动态，进一步为财富管理实践提供指导和参考。

综合以上分析，区域财富管理指数的主要出发点有四个，即：

(1) 反映地区财富管理的发展环境，也就是当地社会经济环境总体状况，更具体而言即经济体系的市场化程度；

(2) 反映地区金融业发展尤其是财富管理行业政策支持状况及环境；

(3) 反映地区财富管理需求状况；

(4) 反映地区财富管理行业规模。

我们在指数编制过程中，尽可能全面地反映地区金融尤其是财富管理行业的发展状况。为区别于一般商业机构的行业发展分析，我们更加侧重于从宏观角度了解和跟踪行业发展状况，所以相应指标以省市级层面指标为主。同时为保证横向的可比性，同一指标各

地区数据均采用相同的时间基期。具体而言，本报告中的财富指数由六个一级指数构成，即：

（1）地区经济市场化程度；

（2）地区金融发展政策支持程度；

（3）地区金融规划重视程度；

（4）地区财富管理需求状况；

（5）地区财富管理规模；

（6）地区理财师数量。

每个一级指数反映地区经济金融发展的一个方面。在每一个指数下，包含多个二级分项指数，从不同角度对一级指数加以补充和完善。

我们依据不同数据适用的处理方法，对指标数据进行了标准化、加权处理与回归分析等，最终得出具有可比性的区域财富管理指数。评分结果显示，从财富管理总指数看，排前五名的城市分别为北京、上海、广州、深圳和青岛，其中北京、上海、广州、深圳总体得分均在 9 分以上，远高于其他城市，表明我国一线城市财富管理行业发展优势明显，这可能是受益于当地较为完备的金融市场环境。青岛市以 8.86 分位列第五，虽然略低于北京、上海、广州、深圳，但相较其他城市有明显优势。作为二线城市，其对财富管理行业发展的重视度更高，随着地区金融环境的成熟，预计未来仍有较大发展空间。长三角经济圈城市得分均在 7.5 分以上，东北和西部城市平均得分较低，大多为 6.0～7.0 分，这可能是因为受到当地经济转型发展的影响。从一级指标分项得分看，在地区经济市场化程度方面，得分排名前五的城市分别为广州、杭州、宁波、深圳和济南，青岛位列第六，经济市场化程度较高，财富管理行业发展环境较好；在地区金融发展政策支持程度上，得分排名前五的城市分别为杭州、上海、青岛、深圳和天津，长江经济圈城市以及沿海城市普遍得分较高，但北京得分优势并不明显，青岛因其对财富管理行业的重视，以 9.20 分的综合得分位列第三；在地区金融规划重视程度方面，得分排名前五的城市分别为广州、重庆、深圳、青岛和北京，五者得分均在 9.0 分以上，其中青岛得分为 9.15 分，东北和西部城市得分多在 7 分以下，且城市间差距较小；在地区财富管理需求状况方面，得分排名前五的城市分别为北京、上海、沈阳、大连和济南，青岛虽以 8.18 分位居第七，但与前五名差距较小；在地区财富管理规模方面，得分排名前五的城市分别为北京、上海、深圳、广州和天津，青岛以 6.40 分位列第十一。除上海、北京和深圳得分在 8.8 分以上外，其余城市得分整体偏低，均为 6～7 分，排名前三的城市在财富管理规模上有绝对优势；在地区理财师数量方面，得分排名前五的城市分别为北京、上海、深圳、广州和杭州，青岛以 6.43 分位列第十二，除北京、上海和深圳外，其余城市得分差距不大，说明目前我国金融理财专业服务人员仍主要集中在一线城市。

在财富管理总指数排名靠前的城市中，青岛、杭州在“财富管理”发文指标和“财富管理”规划指标上表现最为突出，率先抓住了中国财富管理崛起的机遇，而广州、重庆等在“十三五”、“金融机构”和“金融人才”指标上遥遥领先。作为地方性金融中心，这几个城市将有望通过政府的扶持进一步完善金融中心建设规划。另外，虽然北京、上海、广州、深圳目前仍然牢牢占据着全国金融机构和政策中心、全国金融市场中心和全国资本市场中心的位置，但是其他的地方性金融中心的建设对我国金融业的整体繁荣仍然具有极大的战略意义。以青岛、重庆等为代表的地方政府在建设当地金融市场上的决心和举动将很大程度上影响它们未来在国内的金融地位。

第六章介绍了财富管理前瞻指数。前瞻指数的设计有三个目的：一是从需求和供给两个角度对整个国家财富管理行业的发展前景进行预测；二是对行业内不同类型机构、不同产品的发展趋势进行预测；三是从区域角度对不同区域财富管理行业发展潜力进行预测。因此，财富管理前瞻指数可分为三大类：一是财富管理规模动态演进指数，该指数以全国为测算范围，计算财富管理规模的动态变化规律；二是财富管理行业发展前瞻指数，该指数旨在对财富管

理主要行业的发展状况进行测算；三是财富管理区域发展前瞻指数，该指数旨在对目标区域财富管理的动态发展规律进行测算。

本报告基于可靠的数据来源、科学的指标体系，对中国财富管理发展进行了翔实而有深度的刻画，对财富管理行业的研究有一定的帮助。

第二章

编制方法

财富管理发展指数的编制过程包括指标体系的确定、数据收集处理、权重的确定、指数计算四个过程。指标体系的确定将在有关指数的具体章节进行介绍，本章主要介绍数据处理和权重确定方法。

图 2－1 为财富管理发展指数构建的流程图，在收集数据后，需要进行标准化、同趋化、确定权重等处理。

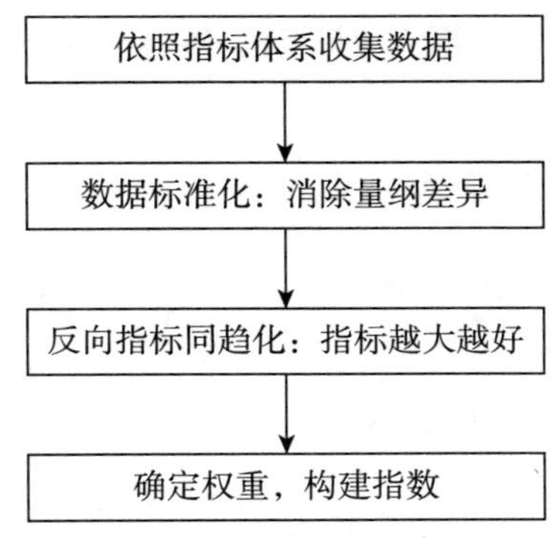

图 2－1　财富管理发展指数构建的流程图

财富管理发展指数是从多角度、多层次对财富管理发展进行多维度测评的综合性指数，每一个维度都是构成特定方面的分指数，

每个分指数又由若干指标合成。这些指标中既有定性指标（比如当地政府对财富管理的重视程度等），又有数量指标。数量指标中既有正指标（数值越大，财富管理发展水平越高），又有逆指标（数值越小，财富管理发展水平越高），还有域型指标（数值在值域内，财富管理发展水平相对较高；数值在值域外，财富管理发展水平较低）。因此需要在计算各分指数之前，对这些指标的处理方法进行统一规范，以使整体测算的指数不仅横向可比，而且纵向可比；不仅可以比较不同地区综合发展的相对水平，而且可以考察各地区综合发展的历史进程。

一、数据的无量纲化

（一）数量指标的无量纲化

无量纲化，也叫数据的标准化，是通过数学变换来消除原始变量（指标）的量纲影响的方法。在计算单个指数时，首先必须对构成该指数的每个指标进行无量纲化处理，而进行无量纲化处理的关键是确定各指标的上、下限。本研究中，以 2013 年作为财富管理元年，以 2013 年样本城市的最大值为上限 X^i_{max} ，当年样本城市的最小值为下限 X^i_{min} 。2013 年及其前后各年指标值的无量纲化按下述公式处理。

1. 正指标无量纲化计算公式

$$Z_i=\frac{X_i-X^i_{min}}{X^i_{max}-X^i_{min}} \text{ 或 } Z_i=\frac{\ln(X_i)-\ln(X^i_{min})}{\ln(X^i_{max})-\ln(X^i_{min})} \qquad (2-1)$$

2. 逆指标无量纲化计算公式

$$Z_i=\frac{X^i_{max}-X_i}{X^i_{max}-X^i_{min}} \text{ 或 } Z_i=\frac{\ln(X^i_{max})-\ln(X_i)}{\ln(X^i_{max})-\ln(X^i_{min})} \qquad (2-2)$$

由式（2－1）和式（2－2）可见，2013 年的取值一定在 0 和 1 之间，而 2013 年前后不同年份的值可能大于 1，也可能小于 0。

（二）域型指标的无量纲化

1. 中间型指标的无量纲化

$$Z_i=\begin{cases}\dfrac{2(x_i-m)}{M-m},\ m\leqslant x_i\leqslant\dfrac{1}{2}(M+m)\\ \dfrac{2(M-x)}{M-m},\ \dfrac{1}{2}(M+m)<x_i\leqslant M\end{cases}\tag{2-3}$$

2. 区间型指标的无量纲化

$$x'=\begin{cases}1-\dfrac{a-x}{c}, & x<a\\ 1, & a\leqslant x\leqslant b\\ 1-\dfrac{x-b}{c}, & x>b\end{cases}\tag{2-4}$$

其中，$[a,b]$ 为 x 的最佳稳定区间，$c=\max\{a-m,M-b\}$，M 和 m 分别为 x 可能取值的最大值和最小值。

（三）定性指标的无量纲化

有些指标，比如群众满意度（评分为 1～5 分）虽然表现为数值，但实际上是定性的；另一些指标本身可能是非定性的，但其数值不能直接加入指标体系中进行计算，需要对其进行处理。比如，某市政策性文件中对“财富管理”提及的次数反映了政府对该产业的重视程度，但是其重视程度与提及次数并非线性对应关系，需要进行处理。这里处理的办法统一设置如下：

第一步，规定不同数值区域的得分，范围为 1～5 分。比如，文件中从未提及“财富管理”，取值为 1 分；提及该词 1～3 次，取值为 2 分；提及 4～5 次，取值为 3 分；提及 6～10 次，取值为 4 分；提及 10 次以上，取值为 5 分。

第二步，按下述方法对取值标准化：

取偏大型柯西分布和对数函数作为隶属函数：

$$f(x)=\begin{cases}[1+\alpha(x-\beta)^{-2}]^{-1}, & 1\leqslant x\leqslant 3\\ a\ln x+b, & 3<x\leqslant 5\end{cases}$$

其中，α、β、a、b 为待定常数。

将“政府很重视”的隶属度定义为 1，即 $f(5)=1$；将“政府较重视”的隶属度定义为 0.8，即 $f(3)=0.8$；将“政府不重视”的隶属度定义为 0.01，即 $f(1)=0.01$。计算得出

$$\alpha=1.1086,\ \beta=0.8942,\ a=0.3915,\ b=0.3699$$

则

$$f(x)=\begin{cases}[1+1.1086(x-0.8942)^{-2}]^{-1}, & 1\leqslant x\leqslant 3\\ 0.3915\ln x+0.3699, & 3<x\leqslant 5\end{cases}$$

根据这个规律，对于任何一个评价值，都可给出一个合适的量化值（见图 2－2）。

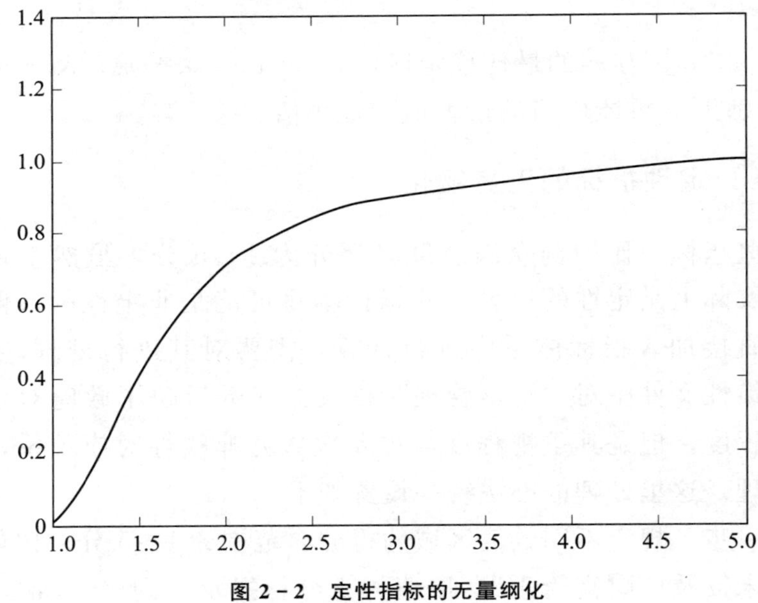

图 2－2　定性指标的无量纲化

二、指标权重的确定

指标权重的确定直接影响综合评估的结果，权重的变动可能引起被评估对象优劣顺序的改变。所以，合理地确定各主要指标的权

重，是进行综合评估时取得成功的关键。

权重的确定方法有很多种。从原理上看，我们可以基于理论研究确定权重，也可以通过主观定性法与客观定量法相结合的方式来确定不同指标的权重。具体来说，这些方法包括专家打分法、层次分析法、主成分分析法、VAR 脉冲响应法和动态模型选择的时变向量自回归模型法等。专家打分法主要依赖于专家的理论分析，但缺乏数据的实证支持，说服力有时不够强；而层次分析法、主成分分析法主要依赖数据在数值上的客观规律，根据数值相关性、离散程度或空间结构来确定权重，其权重背后的经济学含义较弱，不利于公众理解。VAR 脉冲响应法以指标对追踪变量的波动的解释程度作为权重，使得权重具有直观明确的经济学含义，且通过这种方法构建的指数一般具有较好的预测能力。但简单的动态模型选择的时变向量自回归模型法由于模型的假定及局限性，可能会遗漏部分指标变量的信息。

（一）专家打分法

专家打分法是指通过匿名方式征询有关专家的意见，对专家意见进行统计、处理、分析和归纳，客观地综合多数专家的经验与主观判断，对大量难以采用技术方法进行定量分析的因素做出合理估算，经过多轮意见征询、反馈和调整后，根据各指标变量的重要程度确定权重。

专家打分法能够根据经济学原理、地方实际财富管理行业的发展经验，按照对财富管理发展水平的影响程度进行打分，同时能够灵活调整，以满足具体的要求。该方法的优点就是简单、直观，能够充分反映影响关系，且能满足灵活调整的需求，缺点是权重的确定具有主观性，公允性不足。

（二）层次分析法

层次分析法主要分五步得出权重：

第一步，将每一层次的各要素与上一层次的各要素进行两两比

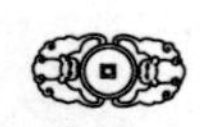

较，得出相对重要程度的比较权重；

第二步，建立判断矩阵；

第三步，计算最大特征根以及对应的特征向量，进行层次单排序；

第四步，得到每一层次某要素相对于上一层次某要素的重要性排序；

第五步，自上而下地以上一层次各要素的组合权重为权数，对本层次各要素的相对权重向量加权求和，进行层次总排序，得出各层次要素相对于系统总体目标的组合权重。

该方法的优点是以数据为基础分析获得，科学性较强；缺点是经济意义不明显，不易理解，接受性稍差。

（三）主成分分析法

主成分分析（principal components analysis，PCA）也被称作主分量分析，主要思想是通过降维，将反映个体特征的多个指标转化为一个或少数几个综合性指标，从而使该指标兼具科学性、全面性和有效性等特点。基于主成分分析还可以进一步做因子分析，以使各变量对研究目标的影响更为显著。从数学运算来看，主成分分析与因子分析的本质是一致的，都是一种数据集简化技术，通过线性变换将原始数据投影到新的坐标系统中，并且依照数据投影方差的大小将投影坐标依次排序（第一主成分、第二主成分……）。每个主成分包含原有指标或变量的主要信息，而且不同主成分所包含的信息不存在重叠，所以能够在兼顾多变量信息的同时将相对复杂的因素降维简化，得到更为科学、有效的信息集合。

从实际运用来看，主成分分析法主要是为了解决指标（变量）信息量和分析效率之间的矛盾。为了尽可能全面、系统地分析问题或反映情况，在构建指数时，我们理论上应该将所有影响因素纳入考虑，但问题是这些未经处理的指标或变量所包含的信息一般都有重叠，而且变量越多，信息重叠的情况就越严重，进行定量分析时计算就越复杂。

主成分分析法正是解决此类问题的理想方法。它将原来具有一定相关性（信息重叠）的指标（如 P 个变量）组合成一组新的但相互不相关的综合指标，并替代原来的指标。组合方法通常为线性组合。随后，依据综合指标方差大小来确定最终选择的综合指标的个数。如果第一个综合指标（$F1$）的方差最大，即 $\mathrm{Var}(F1)$ 最大，那么表明综合指标 $F1$ 所包含的信息较多，被称为第一主成分。如果第一主成分所包含的信息不能满足分析需要，即遗漏了原始 P 个变量较多的信息，那么可以考虑增加第二个综合指标 $F2$。经过矩阵转化之后，$F1$ 所包含的信息不会再出现在 $F2$ 中，即 $\mathrm{Cov}(F1, F2)=0$。我们可构造出 P 个综合指标，顺序增加纳入分析的指标，直到其所包含的信息满足分析需要。

使用主成分分析的主要计算步骤如下：

（1）对原始数据进行标准化。

假设有 n 个样本，指标体系中的变量有 P 个，因此可以得到总体的样本矩阵。选取反映其特性的 P 个变量，从而得到总体样本矩阵：$x_i=(x_{i1},x_{i2},\cdots,x_{ip})^{\mathrm{T}},i=1,2,\cdots,n\ (n>p)$。对样本矩阵元进行标准化：

$$Z_{ij}=\frac{x_{ij}-\bar{x}_j}{s_j},i=1,2,\cdots,n;j=1,2,\cdots,p$$

其中 $\bar{x}_j=\frac{\sum_{i=1}^{n}x_{ij}}{n}$，$s_j^2=\frac{\sum_{i=1}^{n}(x_{ij}-\bar{x}_j)^2}{n-1}$，由此得到标准化的矩阵 Z。

（2）求解相关系数矩阵。

利用标准化的矩阵 Z 求解相关系数矩阵，计算方法如下：

$$R=[r_{ij}]_P xP=\frac{Z^{\mathrm{T}}Z}{n-1}$$

（3）求解特征根。

通过 $|R-\lambda I_p|=0$ 求解样本相关矩阵 R 的特征方程并得到相应的特征根，依据信息利用率大小确定主成分个数 m。在构建指数时一般设定信息利用率达到 85%以上，由此得到 m 值。对于每个

特征根 λ_j，求解特征向量。

(4) 将指标变量转化为主成分。

计算公式为：

$$U_{ij}=z_i^{\mathrm{T}}b_j^o, j=1,2,\cdots,m$$

其中 U_j 为第 j 个主成分，共得到 P 个主成分。

(5) 对所选取的 m 个主成分进行综合评价。

以信息利用率为标准，我们选择前 m 个主成分作为最终分析所用综合指数，以每个主成分的方差贡献率作为权数对 m 个主成分进行加权求和，即可得到每个指标的权重。权重计算过程为：以所取前 m 个主成分特征值乘以对应主成分得分系数的绝对值得到系数值，再以各系数值占系数值之和的比例作为权重。

主成分分析法或因子分析法的优点是能够将大量指标变量构成的指数体系综合成几个简单的变量，并能够代表内部主要的推动信息。主成分分析法的应用使得理论上指数的指标体系的范围可以变成无穷大，能够将所有的相关变量全部纳入，通过主成分分析，剔除变量间的代表性，归纳出主要信息。主成分分析法的缺点在于较为依赖指标变量的数值规律——相关性，而变量间的相关性并不完全等价于指标变量对财富管理发展水平的影响程度，因此主成分分析法背后的经济学理论的支持力度较弱。

(四) VAR 脉冲响应法①

VAR 脉冲响应法确定权重的原理是：将各指标变量与目标变量进行 VAR 回归，根据不同指标变量对目标变量的冲击的占比确定权重。

使用 VAR 脉冲响应法确定指标的权重时，需要先对各指标与目标变量构建 VAR 模型进行回归。p 阶的 VAR 模型可以写成如下形式：

① 由于该方法需要用时序数据进行估计，而目前财富管理发展指数只有五年以内的数据，且部分定性变量仅有两三个不连续的时点数据，无法进行时序模型的估计，所以关于 VAR 脉冲响应法和更为高级的 DMS-TVP-FAVAR 方法需要在后续财富管理发展指数的时间跨度延长后再使用。

$$y_t = a_0 + \sum_{j=1}^{p} A_j y_{t-j} + \varepsilon_t$$

其中，y_t 是 $N \times 1$ 维向量，由可观测到的指标变量构成。ε_t 是误差项，a_0 是截距项，A_j 是 $N \times P$ 的系数矩阵。在估计 VAR 模型时通常假设 ε_t 为独立同分布的随机误差向量，$\varepsilon_t \sim NIID(0,\Sigma)$。采用贝叶斯参数估计法估计上述模型。在 y_t 中，存在部分政策制定者、评估者关注的指标，如金融人才储备、财富管理产品创新等，我们称其为目标变量。因此，VAR 模型又可以改写成以下形式：

$$y_{it} = \lambda_{0i} + \gamma_i r_t + u_{it}$$

$$\begin{bmatrix} y_t \\ r_t \end{bmatrix} = \phi_1 \begin{bmatrix} y_{t-1} \\ r_{t-1} \end{bmatrix} + \cdots + \phi_p \begin{bmatrix} y_{t-p} \\ r_{t-p} \end{bmatrix} + \varepsilon_t$$

接下来，计算各指标变量的脉冲响应值，以平均的脉冲响应占比来确定各指标变量的权重。具体公式如下：

$$w_i = \frac{|z_i|}{\sum_{i=1}^{n} z_i}, \quad \sum_{i=1}^{n} w_i = 1$$

其中，w_i 是各指标对应的权重，z_i 是指标变量的信息冲击在一定时期内对目标变量产生的平均脉冲响应值。简单说来，VAR 模型确定的权重是以指标变量的冲击 y_t（即变动）在未来一定时期内对目标变量 r_t（即我们考察的指标——财富管理规模、财富管理创新能力等）造成的冲击的比例。以各指标变量对目标变量的脉冲响应占比作为权重，能够赋予对目标变量影响力大的指标更大的权重，保证了指数的有效性，也能够改善指数对目标变量的追踪情况。

VAR 脉冲响应法的优点是通过不同指标变量对目标变量的影响程度确定权重，权重背后的经济学意义比较明确。这个方法的缺点在于，当指标变量很多，而存在的样本数据较少时，VAR 模型回归时可能会出现过度参数而无法识别的问题。因此 VAR 脉冲响应法在指标体系庞大时适用性不佳。

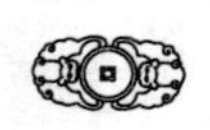

(五) 动态模型选择的时变向量自回归模型法[①]

我们创新性地引入动态模型选择的动态系数因子增广向量自回归模型(TVP-FAVAR)用于构建财富管理指数,相当于把主成分分析和 VAR 这两大常见的指数构建方法结合,并引入时间变动因素。这一模型既能解决主成分分析法确定权重时存在的只注重数值、经济含义不明的问题,又允许了大量综合指标变量的出现,还考虑了指数构成的时间变动,使指数构建过程更具科学性,对于目标变量的评价能力、预测能力更强。

1. FAVAR 模型构建指数

VAR 模型存在过度参数问题。若我们构建的指数体系有 N 个指标变量,VAR 模型选择滞后 P 阶,则有 $N\times P$ 个待估计参数。在实际应用中,由于数据取得的局限性,通常难以获得大量的数据进行估计。

由于财富管理发展水平受多方面因素的不同程度的影响,因此,不可能用单一指标或几个指标来反映它。我们有必要建立一个综合性的指标体系,对其进行全面测度。当指标体系的变量数量较多时,由于数据的限制,普通的 VAR 模型会面临过度参数无法识别的问题。因此,引入 FAVAR,将主成分分析法与 VAR 模型进行结合,可以尽可能地从大量的指标中抽取较少的因子,以保留原始变量所反映的绝大部分信息。FAVAR 模型的形式如下:

$$y_{it}=\lambda_{0i}+\lambda_i f_t+\gamma_i r_t+u_{it}$$

$$\begin{bmatrix} f_t \\ r_t \end{bmatrix}=\phi_1\begin{bmatrix} f_{t-1} \\ r_{t-1} \end{bmatrix}+\cdots+\phi_p\begin{bmatrix} f_{t-p} \\ r_{t-p} \end{bmatrix}+\varepsilon_t$$

其中,f_t 是从 N 个指标中提取的一个 $q\times 1$ 阶向量,我们通过它从大量的指标中抽取一个最大公因子,尽可能多地体现出原始指标的信息。r_t 是由 $s\times 1$ 个可观测到的目标追踪变量构成的。

① 由于该方法需要用时序数据进行估计,而目前财富管理发展指数只有五年以内的数据,且部分定性变量仅有两三个不连续的时点数据,无法进行时序模型的估计,所以该方法需要在后续财富管理发展指数的时间跨度延长后再使用。

FAVAR 的引入能够保证我们综合运用大量的指标变量得到有用信息，同时能够利用 VAR 模型进行估计，建立脉冲变动的权重，构建财富管理各级指数。

2. TVP-FAVAR 构建指数

FAVAR 模型解决了大量指标变量的问题，但该模型的假设是：模型中的参数在不同的时期内是保持不变的，即在不同时期，各指标对财富管理各级指数的权重是不变的。而这种假设在分析金融、经济问题时可能是不成立的，容易造成误差。例如，随着时代的演进，金融科技对财富管理区域与行业的影响可能会不断增大，如果在指数中对金融科技的指标赋予固定的权重，则可能导致对财富管理行业发展与区域发展判断的不确定性。TVP-FAVAR 模型就考虑了估计参数随着时间的推移而变动的问题。

$$y_{it}=\lambda_{0i}+\lambda_{it}f_t+\gamma_{it}r_t+u_{it}$$

$$\begin{bmatrix}f_t\\r_t\end{bmatrix}=\phi_{1t}\begin{bmatrix}f_{t-1}\\r_{t-1}\end{bmatrix}+\cdots+\phi_{pt}\begin{bmatrix}f_{t-p}\\r_{t-p}\end{bmatrix}+\varepsilon_t$$

其中，y_t是$n\times1$ 维向量，由用于构建财富管理发展指数的各指标数据组成。r_t是$s\times1$ 维向量，由模型追踪的金融变量构成。在指数构建过程中，r_t可以是金融人才储备、金融市场发展水平等政策制定者关心的变量。γ_{it}是回归系数，λ_{it}是因子权重，f_t是计算出的财富管理指数。u_t和ε_t是服从均值为零、方差随时间的推移而变动的高斯分布的随机变量。

3. DMS-TVP-FAVAR 模型构建指数

关于随着时间的推移而变动的特性，参数的变动只是其一种形式，更符合现实的应该是模型因素的动态变化。随着时间的推移，以往对目标变量没有影响或者影响很小的指标，可能会产生更大的影响，应该加入模型中；而过去对目标变量影响较大的变量可能会失去影响力，从而需要从指标体系中予以剔除。如过去交通通信、资产规模对区域财富管理竞争力的影响可能很大，而随着互联网技术的发展，这些指标的影响力在不断降低，甚至可能退出指标评价的体系，取而代之的是，人力资本、金融科技创新等指标可能进入

评价体系。为保持指数动态评价的有效性，我们采用的 TVP-FAVAR 模型改进如下：

$$y_{it}^{(j)}=\lambda_{0i}+\lambda_{it}f_t^{(j)}+\gamma_{it}r_t+u_{it}$$

$$\begin{bmatrix} f_t^{(j)} \\ r_t \end{bmatrix}=\phi_{1t}\begin{bmatrix} f_{t-1}^{(j)} \\ r_{t-1} \end{bmatrix}+\cdots+\phi_{pt}\begin{bmatrix} f_{t-p}^{(j)} \\ r_{t-p} \end{bmatrix}+\varepsilon_t$$

其中，$y_{it}^{(j)}$ 是指标变量 y_{it} 的一个子集，由此构成的子模型 M_j 计算出的指数为 $f_t^{(j)}$。对于有 N 个指标变量的模型，最多有 2^n-1 种模型选择，允许不同时期的评价指标的构成存在动态变化。同样，我们通过对目标变量进行追踪，得到总指数。

第三章

全球财富管理发展宏观指数

2020年上半年，随着新冠肺炎疫情在全球蔓延，主要国家和经济体股票市场指数大幅下跌并急剧震荡，财富管理行业也受到显著冲击。根据瑞士信贷的最新测算：2019年全球财富总量达到399.18万亿美元，人均达7.73万美元，相比2019年增长8.5%；而在2020年第一季度，全球家庭财富总量缩水17.5万亿美元，相比年初下跌约4.4%。但由于疫情期间全球采取卓有成效的政府救助措施，到2020年第二季度全球财富总量恢复到与2019年底相当的水平。随着全球主要经济体全年负增长（中国除外）和经济不确定性的持续增加，财富管理行业的发展面临新的挑战。

在财富管理领域，包括波士顿咨询公司（BCG）、瑞士信贷（Credit Suisse）、凯捷（Cap Gemini SA）等在内的研究机构定期发布财富报告与数据，来自国际货币基金组织、世界银行的资料也较为完善，为本报告构造全球财富管理发展宏观指数提供了坚实的基础。在结合2017—2019年财富管理发展宏观指数编制经验的基础上，本报告继续保持全球视野，从地区、国家以及财富和人群分布等多个角度全面考察了全球财富管理行业最新发展，并将中国的发展情况和其他国家与地区进行了对比，提升了指数的参考价值和权威性。

本部分财富管理发展宏观指数分为三个一级指数，即规模指数、发展指数与环境指数。一级指数内划分若干二级分项指数，总体上与 2019 年度保持一致。评价对象是根据财富管理行业发达程度与地理位置将全球分成的六大地区。对各地区得分进行处理、加总后，即可得到财富管理发展宏观指数，以综合反映该地区财富管理行业发展状况。

本章结构安排如下：第一部分介绍财富管理发展指标体系构建，阐述指标的选择、论证等；第二部分介绍本章的数据来源；第三部分为指标得分结果展示和描述。

一、指标体系构建

（一）指标框架

我们将全球财富管理发展宏观指数分为三个一级指数，即规模指数、发展指数与环境指数，并从这三个方面建立指标框架。规模指数能够反映全球财富管理行业的体量指标，发展指数能够反映各地区财富管理行业的发展速度、需求的增长等情况，而环境指数能够从多个方面衡量各地区财富管理行业的未来发展环境。相关指标及其分项指标框架参照 2019 年度财富管理发展指数，如表 3－1 所示。

表 3－1　全球财富管理发展宏观指数框架

指数名称	分项指标	
规模指数	财富管理行业总规模 离岸财富管理规模 高净值人群财富所占份额	
发展指数	财富管理规模增速	
	高净值人群财富增速	超高净值人群（>1 亿美元） 中高净值人群（2 000 万～1 亿美元） 一般高净值人群（100 万～2 000 万美元）
环境指数	各国清廉指数	

其中，规模指数分为三个部分：财富管理行业总规模、离岸财富管理规模以及高净值人群财富所占份额。财富管理行业总规模即所有产品、业务类型的总和，涵盖某地区整个财富管理市场的存量，可以用万亿美元等数量单位进行衡量。离岸财富管理规模则反映了财富管理机构跨境管理财富的情况，对于大型跨国财富管理机构而言，跨境财富管理业务具有重要意义，而通过对其管理的跨境财富的规模进行统计，可以反映地区离岸财富管理的发达程度。高净值客户财富所占份额可以用高净值人群财富管理规模与总财富的比例衡量，由于财富管理行业的参与主体通常都是高净值人群，因此分析这个人群的财富在总财富中所占的份额，也可以反映出财富管理行业的规模。以上三个指标从总量、在/离岸和具体人群的角度揭示了财富管理行业的规模特征。

发展指数分为财富管理规模增速以及高净值人群（财富规模在100万美元以上）财富增速。总规模增速，即财富管理规模增量除以上一年度规模，反映了地区财富管理的总需求增长。高净值人群部分，按财富拥有量设1亿美元、2 000万美元、100万美元三个档次进行分级（参考波士顿咨询公司的划分方法），可以得到三个增速数值，反映不同高净值人群的财富管理发展速度。这两类增速指标分别从总量与人群的角度反映了财富管理市场的发展能力。

在环境指数部分，我们采用世界著名非政府组织清廉国际建立的各国清廉指数（corruption perceptions index，CPI），该指数反映的是一个国家政府官员的廉洁程度和受贿状况。通常，得分高的国家往往有良好的市场环境和较高的行政效率，而得分低的国家则在财富管理市场环境方面存在或多或少的问题，例如社会动荡、政局不稳、腐败严重等。这个指数可以衡量地区财富管理行业的发展环境。

（二）指标选取依据

本章的指标体系构建主要是依据波士顿咨询公司、瑞士信贷和凯捷三大机构2019年和2020年发布的全球财富报告及其数据，以及世

界银行数据库、各国清廉指数数据库发布的数据。从三大机构每年发布的全球财富报告的内容看，虽然存在地区划分、统计口径等方面的差别，但是本报告使用的规模、发展指标始终是财富报告的固定栏目。具体而言，波士顿咨询公司发布的报告数据较为完整，而其他两大机构所发布的数据也是本报告计算地区得分时的重要参考。环境指标部分依托世界著名非政府组织清廉国际建立的各国清廉指数，该指数现已涵盖全球大部分国家和地区，在发布的10余年里，越来越多地被各国研究人员或机构用于衡量一国或地区的市场环境，始终具有很大的影响力。可见，本报告选取的指标在评价全球财富管理状况方面具有权威性。

为保证口径统一，某个指标的数据尽量从单独的数据库获得。规模指标选取了总量规模、高净值人群规模和离岸规模三个角度，发展指标选取了总量增长、高净值人群增长两个角度。通过规模指标，可以对全球范围内资产管理行业的相对规模、发达程度等进行估算和比较。从原理上看，财富管理行业的规模应随着世界各国国民财富的增长和财富管理需求的增加而增大，而本报告的规模指数能够反映财富管理行业的体量特征，并折射出财富管理市场在不同层面上的发达程度。在发展指数方面，由于理论上只有高净值人群的财富管理实现增长，财富管理市场才有不断发展的空间，且各大机构发布的财富管理报告中，所关注的高净值人群也基本上需要满足上述财富规模条件，因此，从总量和高净值两个角度建立发展指标是合理的。最后，发展环境在许多评价指标模型中也是十分重要的因素，而各国清廉指数从创立至今，国家层面的数据完整，具有时间跨度且衡量方法日益成熟。可见，本报告的指标选取具有合理性和科学性。

此外，由于对财富管理产品数量的统计存在许多争议，且数量多寡并不能绝对衡量财富管理市场的发展健全程度，而财富管理机构有许多跨国业务，所以从机构收益等情况难以准确反映某一特定地区的财富管理发展形势，不能满足“宏观指数”的要求。综合以上原因，本报告确定了如上所述的指标体系。

（三）数据处理与权重确定

本章对数据的地区划分和后续处理基本参照2018年度和2019年度全球财富管理发展宏观指数。考虑到财富管理机构业务的国际性、离岸性特征，许多数据在具体国家的层面上无法获得（事实上就本报告的范围而言，仅有环境指数对于各国都能给出准确得分）。我们按照波士顿咨询公司的地区划分方法，将全球分为六大地区：北美地区①、西欧地区②、拉美地区③、东欧地区④、中东与非洲地区⑤以及亚太地区⑥。其中，北美地区和西欧地区分布着主要的发达国家，拉美地区、中东与非洲地区主要为新兴市场国家，东欧地区主要为发展中国家，而亚太地区则兼有新兴市场国家和地区以及发达国家和地区。这样的划分方法一方面有助于区分传统发达财富管理市场与新兴市场，另一方面也与波士顿咨询公司等机构发布报告的统计口径一致，便于数据收集和统计。

参考国内外相关研究中关于指数编制的一些处理方法，本报告对所有指标值均通过计算 z 分数（z-score）进行了去量纲化，最终计算出各地区的得分值。

在权重确定的策略方面，借鉴国内外指数编制经验，目前常见的有取算术平均、因子分析、熵权法、德尔菲法等。由于本报告所涉及的指标数量适中、区分合理，而且指标之间不存在非常显著的相关性，因此不必采用较为复杂的指标处理方法，可以考虑取算术

① 含加拿大、美国。

② 含奥地利、比利时、塞浦路斯、丹麦、芬兰、法国、德国、希腊、爱尔兰、以色列、意大利、列支敦士登、卢森堡、马耳他、荷兰、挪威、葡萄牙、西班牙、瑞典、瑞士、英国。

③ 含阿根廷、巴西、智利、哥伦比亚、哥斯达黎加、多米尼加、厄瓜多尔、危地马拉、墨西哥、巴拿马、秘鲁、乌拉圭、委内瑞拉。

④ 含阿塞拜疆、白俄罗斯、保加利亚、克罗地亚、捷克、爱沙尼亚、匈牙利、哈萨克斯坦、拉脱维亚、立陶宛、波兰、罗马尼亚、俄罗斯、塞尔维亚、斯洛伐克、斯洛文尼亚、土库曼斯坦、乌克兰、乌兹别克斯坦。

⑤ 含阿尔及利亚、安哥拉、巴林、埃及、埃塞俄比亚、伊朗、伊拉克、约旦、肯尼亚、科威特、黎巴嫩、利比亚、摩洛哥、尼日利亚、阿曼、卡塔尔、沙特阿拉伯、南非、苏丹、叙利亚、坦桑尼亚、突尼斯、土耳其、阿联酋、也门。

⑥ 含中国、孟加拉国、澳大利亚、印度、印度尼西亚、马来西亚、缅甸、新西兰、巴基斯坦、菲律宾、新加坡、韩国、斯里兰卡、中国台湾、泰国、越南、中国香港。

平均，即在规模、发展、环境三大指标内部分别取平均值，再对三个指标取平均值，最终得到全球财富管理发展宏观指数。

(四) 数据描述

在进行数据转换、计算指标得分前，我们对从六大地区获得的数据进行了整理，相应地将其分为财富管理行业规模、发展和环境三个部分，并分别测算指数得分。

财富管理规模数据如图 3－1 所示。在财富管理行业总规模方面，北美地区仍然具有显著优势，亚太地区与西欧地区的差距缩小，到 2019 年底，亚太地区和西欧地区的财富管理行业总规模持平。在离岸财富管理规模方面，各地区总体上仍然维持之前的增长趋势，拥有中国香港和新加坡两大离岸金融中心的亚太地区继续名列首位。在高净值人群财富所占份额方面，北美地区仍然名列首位，而亚太地区则较低。根据瑞士信贷 2020 年全球财富报告，到 2019 年底，全球高净值客户群体人数超过 5 190 万，其中，美国拥有2 020万，占全球的 39%；中国拥有 579 万，占比为 11%。

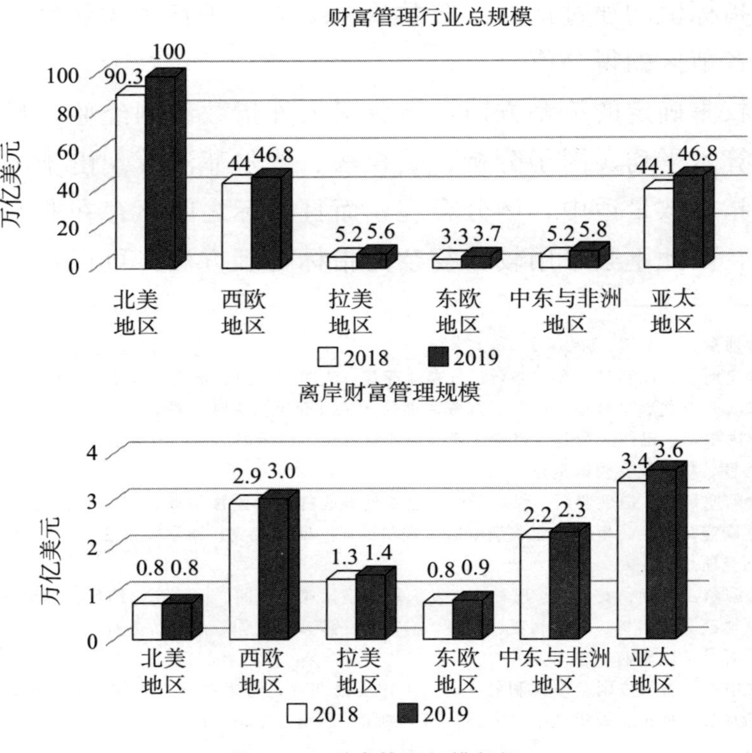

图 3－1 财富管理规模数据

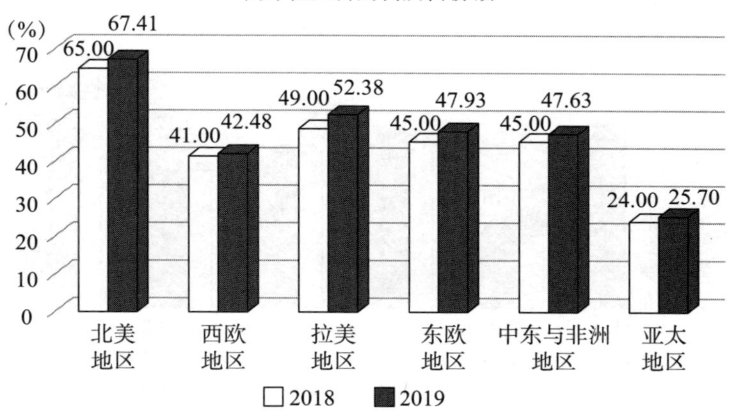

图 3-1 财富管理规模数据（续）

说明：图中数据是根据波士顿咨询公司 2019 年、2020 年财富管理报告与瑞士信贷 2020 年全球财富报告进行估计，并参考凯捷的研究结果得出的。数据经过四舍五入处理，图中的高净值人群划分以 100 万美元为界。

财富管理发展数据如图 3-2 所示。在总行业增速指标上，所有地区相较上年均大幅增长，特别是亚太地区和东欧地区财富管理规模增速表现尤为亮眼。在高净值人群财富增速方面，由于 2019 年全球股票市场表现整体较好，各地区高净值人群财富均呈现上涨势头；亚太地区超高净值人群财富增速较快，亚太地区和北美地区中高净值人群财富增速较快，而亚太地区、拉美地区和东欧地区一般高净值人群财富增速较快。结合瑞士信贷关于高净值人群数量的统计，财富向“金字塔”顶端的集聚效应仍然存在，即这部分人群的财富规模增长远快于其人数规模增长。

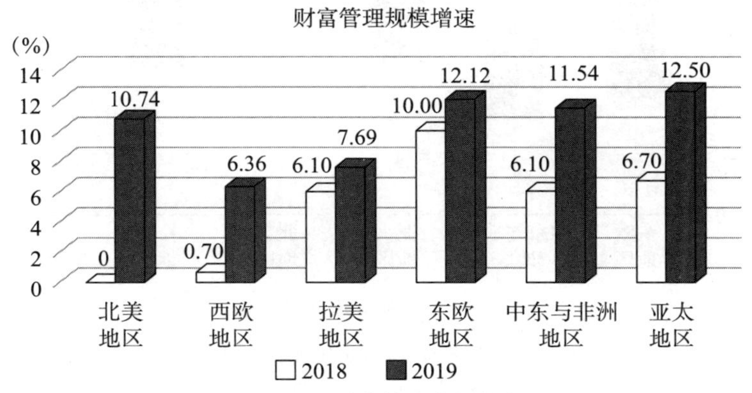

图 3-2 财富管理发展数据

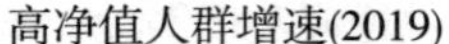

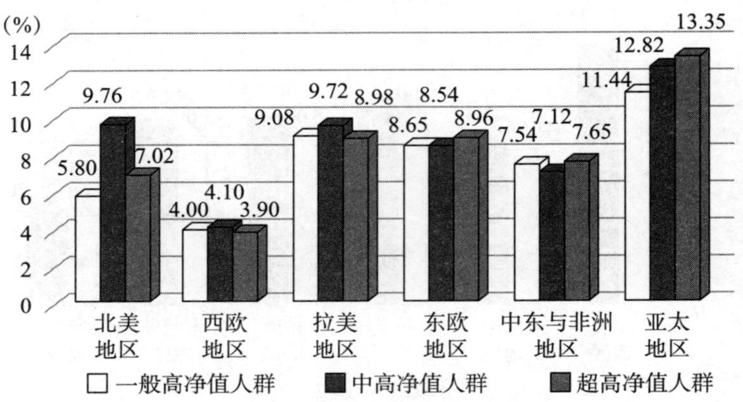

图 3－2　财富管理发展数据（续）

说明：数据来源于波士顿咨询公司 2019 年、2020 年财富管理报告，并参考了瑞士信贷发布的数据。数据经过四舍五入处理，并进行了国家与地区间的口径换算。

图 3－3 展示了财富管理环境数据，限于所列国家众多，我们不对单个数据点展开讨论，而是综合各地区六个分项的结果做出 CPI 的箱线图。总体上，北美地区与西欧地区仍然保持着较高的得分，

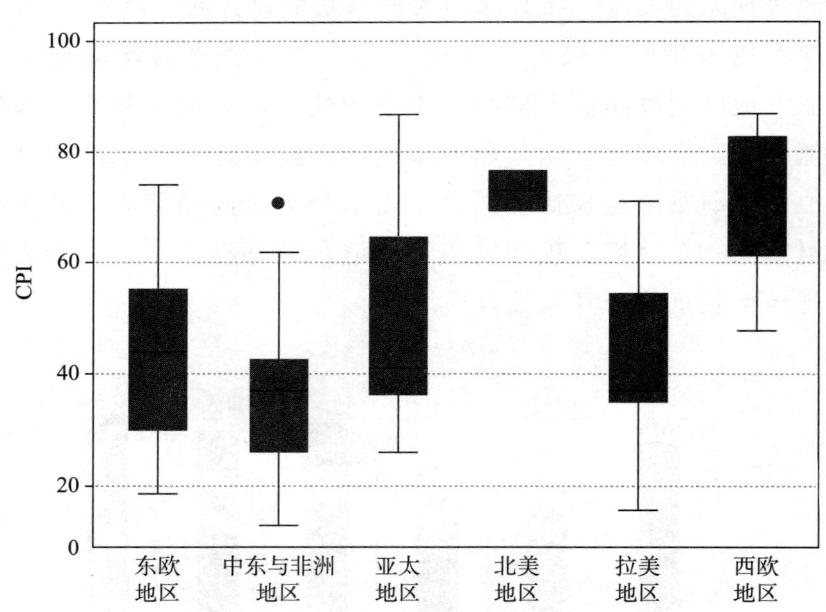

图 3－3　财富管理环境数据

资料来源：2019 年各国清廉指数，按照本章中规定的地区划分进行了整理。数据点为单个国家。

表明这两个地区的政府廉洁程度高，有利于财富管理市场发展，但是由于政府的一些保守政策，美国在系统内的得分显著下降；亚太地区的得分有高有低，分布较为分散；中东与非洲地区、东欧地区、拉美地区的财富管理行业发展环境则不受好评，许多国家的得分低于 20 分。可以预见，如果这些地区的战乱持续或政府管理水平持续恶化，那么财富管理市场环境将仍然堪忧。其他分布特征与 2019 年报告差异不大。

以上数据，均有明确而可靠的数据来源，具体情况请参见本章第二部分。

二、数据来源

本书在指标构建部分，主要依据三大机构的财富管理报告及其数据，以及各国清廉指数数据库的数据，并参考了世界银行和国际货币基金组织数据库的数据。其中，规模指数和发展指数以瑞士信贷 2020 年财富管理报告和波士顿咨询公司 2020 年财富管理报告为主要数据来源，以凯捷的研究数据作为参考；发展指标取自清廉国际 2020 年最新发布的上一年度各国清廉指数得分。相关情况见表 3－2。

表 3－2　全球财富管理发展宏观指数数据来源

项目		数据来源
宏观指数编制	规模指数	波士顿咨询公司 2019 年、2020 年财富管理报告； 瑞士信贷 2019 年、2020 年财富管理报告； 凯捷的研究数据
	发展指数	波士顿咨询公司 2019 年、2020 年财富管理报告； 瑞士信贷 2019 年、2020 年财富管理报告； 凯捷的研究数据
	环境指数	清廉国际 2020 年各国清廉指数

三、结果展示

(一) 三大指数分项得分

对三大指数分项经过 z 指数化处理并加总统计，得到全球六大地区 2019 年度财富管理分项指数得分，见表 3-3 至表 3-5。

表 3-3　2019 年财富管理规模指数得分列表

地区	规模指数分项得分			规模指数总分
	财富管理行业总规模	离岸财富管理规模	高净值人群财富所占份额	
北美	95.72	93.13	96.70	95.18
西欧	62.43	36.23	58.93	52.53
拉美	22.09	64.73	24.04	36.95
东欧	20.64	51.97	22.54	31.72
中东与非洲	22.25	51.11	24.06	32.47
亚太	62.43	5.61	53.98	40.67

表 3-4　2019 年财富管理发展指数得分列表

地区	发展指数分项得分				发展指数总分
	财富管理规模增速	高净值人群财富增速			
		超高净值人群	中高净值人群	一般高净值人群	
北美	59.09	22.71	64.49	33.82	49.72
西欧	6.69	7.55	5.89	7.69	6.87
拉美	16.49	69.48	63.87	58.55	40.23
东欧	78.07	63.40	48.13	58.38	67.35
中东与非洲	70.70	46.82	29.76	41.55	55.04
亚太	82.23	92.11	92.16	94.84	87.63

表 3－5　2019 年财富管理环境指数得分列表

地区	环境指数总分
北美	89.77
西欧	88.47
拉美	24.71
东欧	29.38
中东与非洲	14.01
亚太	43.59

（二）财富管理指数总得分

对三部分得分求平均、进行排序，可以得到各地区的财富管理指数总分以及排名（见表 3－6）。

表 3－6　财富管理发展宏观指数得分列表

地区	2019 年				2018 年
	指标	得分	总分	位次	位次
北美	规模	95.18	78.22	1	1
	发展	49.72			
	环境	89.77			
西欧	规模	52.53	49.29	3	3
	发展	6.87			
	环境	88.47			
拉美	规模	36.95	33.96	5	5
	发展	40.23			
	环境	24.71			
东欧	规模	31.72	42.82	4	4
	发展	67.35			
	环境	29.38			
中东与非洲	规模	32.47	33.84	6	6
	发展	55.04			
	环境	14.01			

续表

地区	2019年				2018年
	指标	得分	总分	位次	位次
亚太	规模	40.67	57.3	2	2
	发展	87.63			
	环境	43.59			

与2018年财富管理发展宏观指数相比，虽然2019年各地区的指数呈现显著变化，但各地区指数排序未发生明显变化：北美地区和亚太地区仍然分列前两位，西欧地区仍然位列第三。其他地区中，东欧地区凭借较为稳定的增长和日益改善的环境而位列第四，拉美地区、中东与非洲地区分别位列第五和第六。

(三) 财富管理发展宏观指数变动分析

亚太地区此次指数得分有所下降。波士顿咨询公司指出，由于美国挑起贸易争端和主要出口数据的下降，2019年对中国经济发展来说是具有挑战性的一年。尽管如此，2019年中国的人均财富总量仍上升了12.8%，这比过去5年8.8%的增长率还要高。虽然在2020年初中国经济遭受新冠肺炎疫情的影响，但由于政府强有力的疫情防控措施和经济刺激政策的实施，经济发展很快得到恢复。2020年上半年人均财富增长率将达到4.1%，并在2020年下半年和2021年保持更为强劲的发展势头。同时，虽然中国城乡贫富差距显著，但在市场经济转型过程中，国内财富不平等水平仍然较低。尽管如此，但中国的财富不平等现象在不断加剧，到2019年末，中国财富超过100万美元的高净值个体有580万人，超过5 000万美元的中高净值个体有2.11万人，这个数据高于除美国以外的其他全部国家。可以认为，未来亚太地区的财富管理行业发展潜力巨大。波士顿咨询公司估计，在一般情况下，亚太地区财富管理行业规模能够保持9.4%的复合增长率。

对亚太地区财富管理总额有重要影响的另一个国家是印度。2000—2019年，印度居民财富水平增长迅速，经汇率调整后的人均财富年均增长率达9.7%，人均财富水平到2019年底达1.73万美元。印度家庭财富以实物资产为主，2019年底人均负债仅1 080美元，仅占人均财富总水平的6%，因此家庭负债水平较低。尽管如此，但印度财富不平等程度极高，2019年底有73%的居民年收入不足1万美元，仅2.3%的居民人均财富水平超过10万美元。在位于全球1%的超高净值群体中，印度约有90.7万人，约占该群体的1.8%。

北美地区指数此次排名首位。以美国为代表，2019年人均财富增长率达11.3%，远远超过过去5年4.2%的平均增长率。2020年上半年疫情对美国经济造成严重影响，截至2020年8月超过100万人因疫情而丧生，低收入群体的财富和生活水平受到严重影响。但由于低利率政策和新一轮量化宽松政策的实施，以科技公司为主要代表的公司率先摆脱疫情的影响。尽管如此，但瑞士信贷公司预测：2020年上半年美国财富水平将下降5%。美国国内财富不平等程度严重，全球1%的高收入人群中美国占据绝大多数，且美国财富值超过5 000万美元的超高净值人群是中国的4倍多。这个庞大的群体为北美市场提供了可观的财富管理需求。当然，我们也注意到，2019年美国特朗普政府的一系列政策引发国际关系紧张，美国的财富管理环境得分在2019年首次降至20名以外，2020年继续位于20名以外（清廉国际2019年、2020年数据），将导致北美地区财富管理环境得分偏低，有可能会对今后的发展产生影响。

西欧的排名比较稳定，但总分相较2018年有显著下降，降幅主要源于发展指数得分。受英国脱欧和边缘政策的影响，西欧经济发展面临不确定性，而新冠肺炎疫情的到来加剧了这一不确定性对经济的影响。在21世纪初，英国经济由于英镑升值得以快速发展，但金融危机对英国造成了长期且深重的影响，截至2019年底，英国人均财富水平仍然比2007年金融危机前低约9%。据瑞士信贷财富报告估计，2020年上半年英国人均财富仍将下降约6.5%，全年下降约8.5%。金融资产总量和非金融资产总量大致相当，在财富总额中占比分别为53%和47%，且家庭债务-收入比快速增长，而疫情

可能使这一比率进一步上升。尽管如此，但由于西欧离岸财富市场规模大，足以支持其指数得分。可以认为，西欧的财富管理水平相较排名后三位的地区而言具有比较优势，指数排名在未来不太可能降至后三位。

其他三个地区中，东欧的得分较高，主要是因为受到发展指标和环境指标的带动。相较其他地区，波士顿咨询公司的数据显示，东欧的财富管理行业增长更加稳定。随着乌克兰局势给政局带来的紧张氛围逐渐缓和，东欧没有发生大规模的冲突，较为稳定的政治环境和国际关系也使得东欧的环境得分上升。

中东与非洲地区、拉美地区则在本次排名中垫底。这两个地区的财富管理行业增长都比较强劲，特别是相较西欧而言，但是在行业发展和环境上始终乏善可陈，两者的环境得分相较上年都有所下降。市场环境的改善是一个漫长的过程，战争、政局动荡、政府腐败和独裁是这两大地区财富管理行业的主要掣肘因素。此外，上年的报告中就指出这些地区存在财富管理行业发展不平衡的问题，而根据瑞士信贷的报告中关于高净值人群数量所占比例的数据，这一问题仍将长期存在。不过总的来说，拉美地区和中东与非洲地区的增长前景仍然存在，波士顿咨询公司估计两个地区的增长率可以达到8%～9%。

通过构建规模、发展、环境三个维度的分指数并计算总分排名，本书对世界各地区财富管理行业的最新发展态势进行了分析。总体上看，全球财富管理行业增长仍在持续，但是受到新冠肺炎疫情的冲击较大。传统优势地区在规模和发展环境上的优势仍然存在，新兴市场国家和地区需要继续改善自身财富管理行业的发展环境，并谋求更加稳定的增长。中国在亚太地区财富管理行业中始终扮演着重要角色，可以预计，未来亚太地区财富管理行业仍然能保持较快速的发展。

本指数得出的结论与国际权威机构发布的财富管理报告基本吻合，可以作为研究全球财富管理行业的参考。

第四章

中国财富管理行业发展指数

中国财富管理行业规模指数旨在动态刻画近年来我国财富管理行业规模的整体变化情况。我们选取银行业、证券业、保险业、信托业和基金业五个行业的财富管理规模作为一级指标，并以此来构建2013—2020年我国财富管理行业规模指数。结果表明：2013—2020年，该指数呈先增后减趋势。其中2013—2016年增长迅猛，从基期的100增长到342.37，三年间增长了2.4倍，而2018年指数首次出现回落，截至2020年上半年，指数为351.24。分一级指标来看，七年间我国财富管理规模的各一级指数总体呈上升趋势，增长率整体呈现下降趋势。2020年证券业和信托业规模指数均处于下降通道，而银行业、保险业和基金业指数逆势上涨。

中国财富管理产品指数旨在动态测度我国财富管理机构不同类别理财产品的发行数量。与规模指数一样，我们选取了银行业、证券业、保险业、信托业和基金业五个行业的财富管理产品发行数量作为一级指标，并将每个行业的产品细分为12个二级指标，以此来构建2013—2020年我国财富管理产品指数。结果表明：七年间我国财富管理产品指数呈现先增后减两个发展阶段：第一阶段为2013—2017年的增长阶段，指数从2013年基期的100增长到2017年的242.47，四年间增长了1.4倍；第二阶段为2018年至今的下降趋缓

阶段，2018 年指数大幅下降至 191.18，同比下降了 21%。截至 2020 年上半年，总指数为 115.65。分一级指数来看，七年来，证券业指数处于大幅波动状态，2013—2017 年呈上升趋势，但 2018 年出现大幅下降；基金业指数 2013—2015 年呈上升趋势，但 2017 年起进入下降通道；保险业指数整体呈上升趋势；信托业指数和银行业指数一直处于波动状态。

中国财富管理机构发展指数旨在通过我国财富管理机构的集中度评估，动态刻画机构的整体发展情况。我们同样选择银行业、证券业、保险业、信托业和基金业五个行业作为一级指标，考察了 2013—2020 年我国财富管理机构的集中度变化情况。结果表明：该指数从 2013 年基期的 100 发展至今，总体呈下降趋势，表明在过去的几年间我国财富管理机构的集中度逐步下降，其中，2020 年上半年我国财富管理机构发展指数为 90.79，同比下降 1.14%。分一级指数来看，五个一级指数的走势分化现象比较严重。银行业指数、基金业指数和保险业指数整体呈下降趋势；证券业指数近几年呈波动上升趋势；信托业指数则一直处于波动状态。

一、中国财富管理行业规模指数

（一）指标选取与数据来源

中国财富管理行业规模指数旨在动态刻画近年来我国财富管理行业规模的整体变化情况。为了保证该指数的科学性、系统性与完整性，我们在借鉴《中国资产管理行业发展报告（2018）》等研究的基础上，充分考虑当前我国财富管理行业的发展特征[①]，最终选择银行业、证券业、保险业、信托业和基金业五个行业的财富管理规模作为一级指标，并以此来构建我国财富管理行业发展指数。

---

① 2012 年监管部门首次允许期货公司加入资管阵营。2016 年我国泛资管行业所管理的资产总规模约为 102.5 万亿元，期货公司资管规模为 2 792 亿元，占比仅为 0.27%，不足 1%，可见期货公司资管业务还未成为我国财富管理的主要手段。

分指标来看，银行业财富管理规模用银行业非保本理财产品存续余额[①]来度量，数据来源于银行业理财登记托管中心。证券业、信托业和基金业财富管理规模分别用证券业、信托业和基金业资管规模来度量。其中，证券业资管规模包括集合资产管理计划、定向资产管理计划、专项资产管理计划等产品规模；信托业资管规模分单一资金信托与集合资金信托两大类；基金业资管规模包括公募基金、各类非公募资产管理计划、私募证券投资基金、私募股权投资基金、创业投资基金等在内的总资管规模。保险业财富管理规模用保险资金运用余额[②]来度量（见表 4－1）。

表 4－1　中国财富管理行业规模指数一、二级指标分类

一级指标		二级指标（财富管理业务）
银行业	银行业理财产品资金余额	银行业非保本理财产品存续余额
证券业	证券业资管规模	集合资产管理计划、定向资产管理计划、专项资产管理计划
保险业	保险资金运用余额	万能险、投资连结险（简称投连险）、企业年金、养老保险及其他委托管理资产
信托业	信托业资管规模	单一资金信托、集合资金信托
基金业	基金业资管规模	公募基金、各类非公募资产管理计划、私募证券投资基金、私募股权投资基金、创业投资基金等

说明：各指标所涵盖的各财富管理业务资金规模总和即为该行业财富管理规模。

按照上述指标分类，我们利用 Wind 数据库，中国证券业协会、中国证券投资基金业协会、中国保险资产管理业协会以及中国信托业协会等发布的各类报告等公开渠道获得相关数据，时间跨度为 2013—2020 年（见表 4－2）。

① 自 2017 年一行两会（原三会）一局联合发布《关于规范金融机构资产管理业务的指导意见（征求意见稿）》，提出打破刚性兑付开始，银行保本理财业务就开始离场。银行业理财登记托管中心与中国银行最新发布的《中国银行业理财市场报告（2019 年）》显示，已将银行理财规模的衡量口径更新为非保本理财产品存续余额，因此本报告也同步更新指标框架中对银行财富管理规模的衡量口径。

② 根据中国证券业协会发布的《中国证券业发展报告》，在其关于证券公司资产管理业务的分报告中采用保险资金运用余额来代表保险业资产管理规模。

表 4-2 中国财富管理行业规模指数一级指标来源与数据描述

一级指标名称	数据来源	频率
银行业理财产品资金余额	银行业理财登记托管中心	年度
证券业资管规模	2013 年数据来自中国证券业协会发布的《中国证券业发展报告》; 2014—2020 年数据来自中国证券投资基金业协会	
保险资金运用余额	中国保险资产管理业协会	
信托业资管规模	中国信托业协会	
基金业资管规模	中国证券投资基金业协会	

根据上述数据来源，我们获取了各个指标近些年来的相关数据。银行业 2013—2020 年理财产品资金余额依次为 6.53 万亿元、10.09 万亿元、17.43 万亿元、23.11 万亿元、22.17 万亿元、22.04 万亿元、23.40 万亿元、24.59 万亿元，总体上银行业财富管理规模每年都有稳定增长，七年来规模总量增长了 2.77 倍；证券业 2013—2020 年资管规模依次为 5.19 万亿元、7.95 万亿元、11.89 万亿元、17.58 万亿元、16.88 万亿元、13.36 万亿元、10.83 万亿元、10.26 万亿元，总体呈现先增后减趋势；保险业 2013—2020 年资金运用余额依次为 7.69 万亿元、9.33 万亿元、11.18 万亿元、13.39 万亿元、14.92 万亿元、16.41 万亿元、18.53 万亿元、20.13 万亿元，总体呈现平稳增长趋势；信托业 2013—2020 年资管规模依次为 10.91 万亿元、13.98 万亿元、16.34 万亿元、20.25 万亿元、26.25 万亿元、22.70 万亿元、21.60 万亿元、21.28 万亿元；基金业 2013—2020 年资管规模依次为 5.50 万亿元、12.46 万亿元、26.21 万亿元、36.29 万亿元、36.60 万亿元、37.03 万亿元、37.38 万亿元、39.91 万亿元。各指标具体的相关数据见表 4-3。

表 4-3 2013—2020 年中国财富管理行业规模 单位：万亿元

一级指标名称	2013 年	2014 年	2015 年	2016 年	2017 年	2018 年	2019 年	2020 年
银行业理财产品资金余额	6.53	10.09	17.43	23.11	22.17	22.04	23.40	24.59
证券业资管规模	5.19	7.95	11.89	17.58	16.88	13.36	10.83	10.26

续表

一级指标名称	2013 年	2014 年	2015 年	2016 年	2017 年	2018 年	2019 年	2020 年
保险资金运用余额	7.69	9.33	11.18	13.39	14.92	16.41	18.53	20.13
信托业资管规模	10.91	13.98	16.34	20.25	26.25	22.70	21.60	21.28
基金业资管规模	5.50	12.46	26.21	36.29	36.60	37.03	37.38	39.91

（二）权重测算

2012 年以前，我国财富管理行业发展相对滞后，监管部门还未大规模放开金融机构的财富管理业务。2012 年，监管部门陆续推出新政，如发布券商资管新政十一条、放宽公募基金投资范围、放松保险业资管限制以及首次允许期货公司加入资管阵营，使财富管理行业步入具有竞争、创新、混业经营等特征的大资管时代。2013 年，在“放松管制、放宽限制、防控风险”的政策环境下，传统资管的分业经营壁垒逐渐被打破，各类资产管理机构之间的竞争加剧，银行、券商、保险、基金、信托等各类资产管理机构开始涌向同一片红海，我国财富管理行业开始进入快速发展的新阶段，2013 年也因此被称作中国大资管元年。

有鉴于此，我们选择 2013 年为基期，基期指数为 100，对原始数据进行标准化无量纲处理，然后通过因子分析法，计算得到每个指标所占的权重（见表 4－4）。这样处理一方面可以避免各指标量纲不同所引起的比较无意义性，另一方面能够比较直观地看出我国自 2013 年进入大资管元年之后，财富管理行业的发展态势。

表 4－4　中国财富管理行业规模指数一级指标权重

一级指标名称	权重（%）
银行业理财产品资金余额	20.05
证券业资管规模	20.05
保险资金运用余额	20.08
信托业资管规模	19.89
基金业资管规模	19.94

（三）指数测算

1. 中国财富管理行业规模一级指标指数测算

按照上述数据无量纲化处理方法，经过计算①，我们得到中国财富管理行业规模一级指数及其增长率（见表 4－5）。

表 4－5　中国财富管理行业规模一级指数及其增长率（2013—2020 年）

一级指数	2013 年	2014 年	2015 年	2016 年	2017 年	2018 年	2019 年	2020 年
银行业指数	100.00	154.52 (54.52%)	266.92 (72.75%)	353.91 (32.59%)	339.51 (−4.07%)	337.52 (−0.59%)	358.35 (6.17%)	376.57 (5.09%)
证券业指数	100.00	153.18 (53.18%)	229.09 (49.56%)	338.73 (47.86%)	325.24 (−3.98%)	257.42 (−20.85%)	208.67 (−18.94%)	197.69 (−5.26%)
保险业指数	100.00	121.41 (21.41%)	145.43 (19.79%)	174.20 (19.78%)	194.09 (11.42%)	213.45 (9.97%)	241.05 (12.93%)	261.86 (8.63%)
信托业指数	100.00	128.14 (28.14%)	149.77 (16.88%)	185.61 (23.93%)	240.60 (29.63%)	208.07 (−13.52%)	197.98 (−4.85%)	195.05 (−1.48%)
基金业指数	100.00	226.66 (126.66%)	476.70 (110.32%)	660.14 (38.48%)	665.78 (0.85%)	673.97 (1.23%)	679.97 (0.89%)	725.99 (6.77%)

说明：括号中为当年指数的同比增长率。

2. 中国财富管理行业规模指数测算

用通过因子分析法计算得到的权重，对一级指数进行简单加权，计算得到我国财富管理行业规模指数及其增长率（见表 4－6）。

表 4－6　中国财富管理行业规模指数及其增长率

年份	2013 年	2014 年	2015 年	2016 年	2017 年	2018 年	2019 年	2020 年
指数	100.00	156.74	253.47	342.37	352.84	337.81	337.02	351.24
增长率（%）	—	56.74	61.72	35.07	3.06	−4.26	−0.24	4.22

（四）结果分析

1. 总体走势分析

从指数的总体走势来看，2013—2020 年，我国财富管理行业规

① 计算方法举例：2015 年证券业财富管理规模指数 $=\dfrac{2015\text{ 年证券业资管规模}}{2013\text{ 年证券业资管规模}}\times 100$。

模指数呈先增后减趋势。其中 2013—2016 年增长迅猛，从基期的 100 增长到 342.37，三年间增长了 2.4 倍，2018 年指数首次出现回落，2020 年又有所回升。截至 2020 年上半年，指数为 351.24。在增速方面，2013—2016 年增速保持较高水平，而 2017 年增速大幅下降为个位数，2018 年增速进一步降为负值，仅为－4.26%，2020 年回升至 4.22%（见图 4－1）。

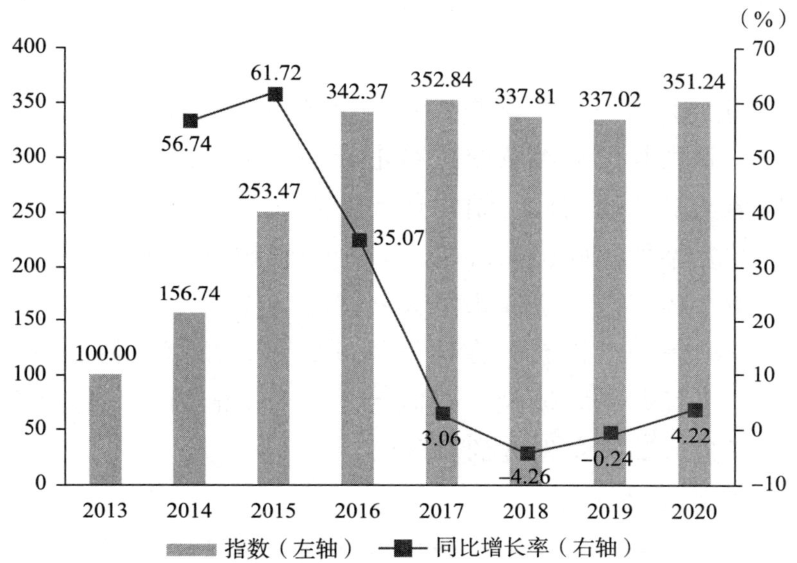

图 4－1　中国财富管理行业规模指数（2013—2020 年）

近两年，财富管理行业经历了蓬勃发展之后，转型成为其最为重要的主题。“潮水逐步退去”的过程，其实也正是行业逐步实现转型的过程，因此也是面临新规则考验的过程。2017 年起监管趋严，当年 4 月，银监会开展“三三四”① 检查，7 月，全国金融工作会议强调要加强金融监管协调，设立国务院金融稳定发展委员会，在严监管格局下，行业增速放缓，指数增长率大幅下降。

2018 年对于中国财富管理市场而言，是极其不平凡的一年。2018 年，《关于规范金融机构资产管理业务的指导意见》（下文简称

① 即三违反（违法、违规、违章）、三套利（监管套利、空转套利、并联套利）、四不当（不当创新、不当交易、不当激励、不当收费）。

“资管新规”）、《商业银行理财业务监督管理办法》（下文简称“理财新规”）和《商业银行理财子公司管理办法》等监管文件连续出台，监管规则和监管框架随之变化，给市场带来新的政策导向和游戏规则。与此同时，金融业对外开放进一步提速，内资资管正式接轨国际竞争，资管行业面临全新发展，这些变化将推动中国财富管理行业进入新一轮洗牌与转型。随着资管新规的逐步实施与落地，监管框架更趋明晰，未来还会对财富管理行业的规模增速产生一定影响。

2019 年，国际环境深刻变化，经济全球化遭遇波折，国际金融市场震荡，特别是中美经贸摩擦给市场预期带来不利影响；国内经济转型阵痛凸显，周期性、结构性问题叠加，经济出现新的下行压力；在错综复杂的国际国内环境下，金融领域改革进一步深化，资产管理行业在弱冠之年也迎来重大变局与转型挑战，推动资管业务回归本源的政策相继出台，在监管不断收紧、规范的情况下，“政策红利”已退场，在防风险、严监管、大变革的同时，行业将由规模发展阶段进入高质量发展的新阶段。

2. 分行业走势分析

分一级指标来看，2013—2020 年我国财富管理规模的各一级指数总体呈上升趋势（见图 4－2），增长率整体呈现下降趋势（见图 4－3）。其中，2017 年起五大行业财富管理规模指数增长趋缓，2018 年至今证券业和信托业规模指数均处于下降通道，而银行业、保险业和基金业指数仍处于上升通道。根据测算，2020 年银行业指数为 376.57，同比增长 5.09%；证券业指数为 197.69，同比下降 5.26%；保险业指数为 261.86，同比增长 8.63%；信托业指数为 195.05，同比下降 1.48%；基金业指数为 725.99，同比增长 6.77%。

（1）银行业走势分析。

银行业指数从 2013 年基期的 100 增长到 2020 年的 376.57，七年来增长了近 2.8 倍。2014—2020 年增长率依次为 54.52%、72.75%、32.59%、－4.07%、－0.59%、6.17%、5.09%。与总

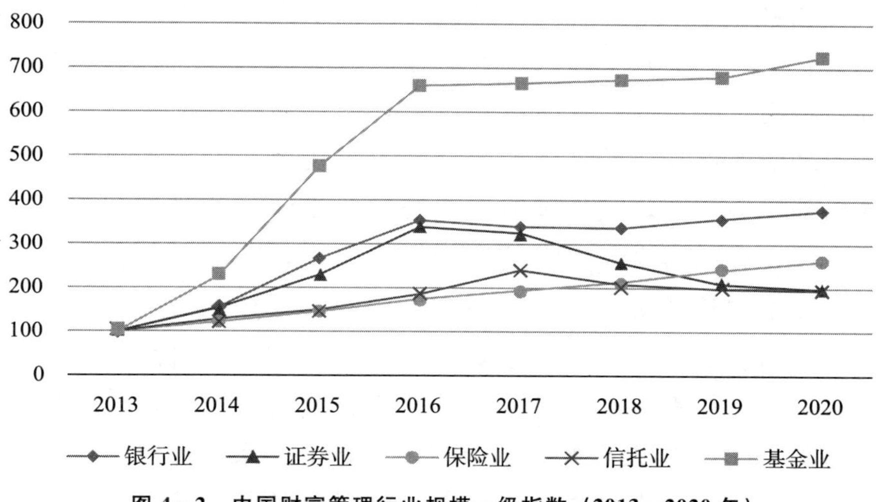

图 4-2 中国财富管理行业规模一级指数（2013—2020 年）

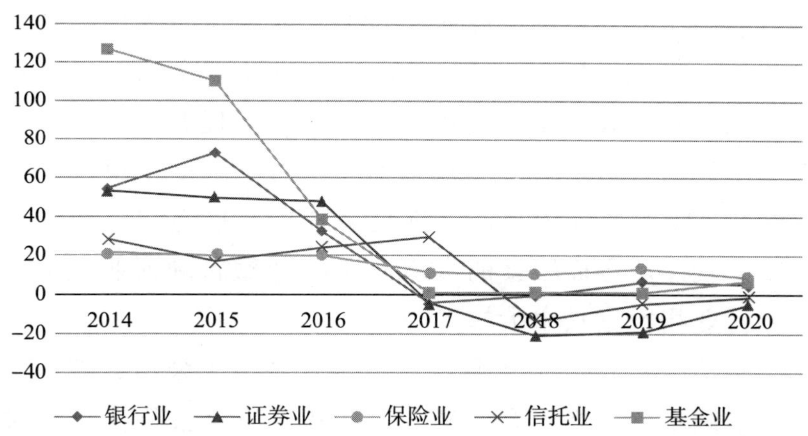

图 4-3 中国财富管理行业规模一级指数同比增长率（2013—2020 年）

指数走势相同。2020 年银行业理财规模指数呈上涨趋势，其中非保本理财产品存续余额达 24.59 万亿元，较 2019 年末增长了 1.2 万亿元，在“资管新规”和“理财新规”发布后，银行理财产品余额总体呈现平稳上升趋势。

自 2004 年起步以来，我国银行理财业务发展迅速。尤其是近年来，受金融市场化改革持续推进、居民收入持续增长等诸多利好因素影响，银行在满足客户获取高收益的需求的同时，又迫切需要通

过表外理财业务节约银行资本消耗，导致银行表外理财业务规模快速增长。2013—2015 年，银行理财资金账面余额平均增速高达 48%，远高于同期银行业贷款和 M2 的平均增速。长期高速发展使得银行理财的潜在风险不断积聚，管理不规范、不完善等弊病逐步暴露出来。一方面，表外理财底层资产的投向主要包括类信贷、债券等资产，它们与表内广义信贷无太大差异，同样发挥着信用扩张作用，如果增长过快会积累风险，不利于去杠杆；另一方面，表外理财虽名为"表外"，但资金来源一定程度上存在刚性兑付，出现风险时银行往往不得不通过表内化的方式解决，未真正实现风险隔离。为此，2016 年以来监管部门陆续发布了一系列针对银行表外理财的监管措施，逐步收紧对银行表外理财业务的监管。例如，2016 年 7 月，银监会发布《商业银行理财业务监督管理办法（征求意见稿）》，同年 11 月，发布《商业银行表外业务风险管理指引（修订征求意见稿）》等。从 2017 年开始，一方面，监管部门以守住不发生系统性风险的底线为基本前提，以推动银行理财回归代客理财的资管业务本源为宗旨，进一步加强监管；另一方面，银行表外理财被明确纳入 MPA 考核体系，以满足去杠杆、挤泡沫、缓慢释放风险的需要。受这两方面因素的影响，2017 年银行理财业务增速明显放缓，银行业指数增长率大幅下降。

从市场情况来看，2018 年《商业银行理财子公司管理办法》等监管文件陆续出台，在"资管新规"的指导下，银行保本理财注定将要退出历史。实际上，很多银行在"资管新规"出台后不久，已经开始控制甚至缩减保本理财发行的规模，为的就是尽早适应新规对于行业的冲击。尤其对于保本理财发行和保有量较大的股份制银行和城商行，"资管新规"的冲击更大。但是，"资管新规"毕竟在 2021 年才全部落地，设置了一定的缓冲时间。2019 年，银行理财业务总体稳健运行、健康发展，净值型理财产品规模持续增加，理财子公司初具规模，使银行业规模指数出现回升。

（2）证券业走势分析。

证券业指数走势整体呈现先增后减两个阶段：第一阶段为

2013—2016 年，指数呈上涨趋势，从基期的 100 上升到 2016 年的 338.73，但从 2017 年起，指数进入下降通道，2020 年更是跌破 200，仅为 197.69。2014—2020 年增长率依次为 53.18%、49.56%、47.86%、−3.98%、−20.85%、−18.94%、−5.26%。

2012 年以前，与信托业、保险业、基金业、银行业等行业相比，证券业的资产管理规模相对较小。2012 年，资产管理业务迎来全面放开之年，行业监管政策环境有了极大改善。当年 10 月 18 日，中国证监会正式发布了《证券公司客户资产管理业务管理办法》、《证券公司集合资产管理业务实施细则》及《证券公司定向资产管理业务实施细则》（简称“一法两则”）。根据“一法两则”的相关规定，产品由行政审批制改为报备制，投资范围扩大，允许产品分级，允许集合计划份额转让等，使得证券公司资产管理业务全面驶入快车道。特别是 2012 年券商通道类资管业务的放开，使之逐渐成为该类业务的重头戏，成为推动券商资管业务发展的主要动力。2013 年，证券业财富管理业务充分利用制度红利迅猛发展，同业竞争环境明显改善，券商资管规模当年年末就达到 5.21 万亿元，同比增长 175%。随后三年，虽然证券业财富管理规模增速逐渐放缓，但依靠政策红利的余温，增长率依旧保持在较高水平。2017 年，监管开始严控券商通道。由于券商资管对通道的依赖过于严重，资管业务受到极大影响，指数增长率变为负值，资管规模较 2016 年有所下降。

2018 年，主要是在“资管新规”去通道、降杠杆和消除层层嵌套政策的指引下，券商资管的发展重心从过去的以“规模论英雄”主动向“优质发展”转型。提升主动管理能力、回归资管业务本源是监管的要求，也是券商资管的主攻方向。未来的券商资管将逐步回归本源；多层嵌套、蕴含极大不确定性的产品将退出历史舞台，主动管理能力和营销能力是未来券商立足于市场的核心竞争力。

（3）保险业走势分析。

七年来保险业指数一直处于上升通道，从 2013 年基期的 100 上升至 2020 年的 261.86，增长稳定且持续。2014—2020 年该指数增长

率依次为 21.41％、19.79％、19.78％、11.42％、9.97％、12.93％、8.63％，始终保持在较高水平。且近两年保险业增速均居五大行业之首，是最具增长潜力的资管领域。

保险业始终坚持“保险姓保”的发展理念，主动适应新常态，不断进行改革创新，行业发展势头良好，保费收入保持增长，资产规模不断扩大，为资产管理业务的开展营造了稳定的环境。近年来，保险行业迎来了较快发展；各种创新性产品层出不穷，尤其是以万能险为代表的产品更是增速迅猛，势不可挡。然而，万能险过度增长，也带来了很多问题，不仅扰乱了市场秩序，而且“扰乱”了保险的本源和初心。

2017 年，中国保监会发布《中国保监会关于规范人身保险公司产品开发设计行为的通知》（简称通知），叫停快速返还、附加万能账户类产品。10 月 1 日，文件正式实施。“回归保障本质，重塑保险生态”成为新时期保险行业发展的主旋律。伴随着政策的不断落地和监管的强力实施，多年来拉动寿险规模高速增长的“万能险”逐渐退出市场，寿险全面瘦身。银保监会的官方数据显示，2018 年全年保险业原保险保费收入为 38 016.62 亿元，同比增长 3.92％，下降了 14.24 个百分点。其中寿险业务原保险保费收入为20 722.86 亿元，同比下降 3.41％。政策效果初步显现。

在经历了行业整顿之后，“保险姓保”仍将是未来的主旋律，这也符合保险本身的定位。保险本质上是保障，而不能被视为理财和保险的“双优生”，否则就是层出不穷的理财变保险。随着政策的完善和保险资金运用的拓展，我国保险资管行业正处于快速发展的黄金年代。保险资管行业脱胎于保险资金应用，随着保险业的发展而壮大，已成为大资管的重要组成部分。

（4）信托业走势分析。

2013—2020 年，信托业指数呈现先增后减趋势，且增速整体落后于其他资管行业，2020 年信托业指数继续回落，降至 195.05。2014—2020 年，该指数增长率依次为 28.14％、16.88％、23.93％、29.63％、－13.52％、－4.85％、－1.48％。

2018 年信托业指数大幅下降，究其原因，一是在去通道化和消除多重嵌套的影响之下，信托业的通道业务整体承压。从数字上来看，信托资管的总体规模从 2018 年初的 26 万亿元下降到第三季度末的 23 万亿元，降幅高达 10%，且主要是通道业务的下降。

二是违约增加，监管趋严。2018 年，在经济下行压力和破刚性兑付的影响下，企业违约案例逐渐增多，主要表现为各类经营不善和高杠杆企业。随着债券市场违约的增加，相应的信托产品也出现了违约。在资管新规之下，信托行业的“刚性兑付”招牌在监管严令禁止和风险事件频发的情况下已经名存实亡。据统计，2018 年的信托项目违约事件的发生频次不仅远高于上年，而且金额亦较上年出现了较大幅度增长。根据公开信息整理，信托发生踩雷的项目有 77 个，涉及金额 296.53 亿元。从资金投向来看，工商企业类项目的违约率较高，往往是一家公司出现问题，就会连带多个信托产品出现违约；而房地产类和政信类信托的风险事件较少发生。

2019 年，信托公司开始注重加强建设财富管理渠道，提升主动管理能力，集合资金信托占比进一步提升，财产权信托尤其是资产证券化等事务管理类信托业务获得较快发展，因此 2019 年降幅较上年有所收窄。

（5）基金业走势分析。

2013—2020 年，基金业指数呈现稳定上升趋势，从 2013 年基期的 100 上升到 2020 年的 725.99，七年间增长了 6 倍多，远高于其他一级指数的增速。2014—2020 年该指数增长率依次为 126.66%、110.32%、38.48%、0.85%、1.23%、0.89%、6.77%。

2014 年，基金业各类非公募财富管理业务发展迅猛，资管规模高达 7.93 万亿元，同比增长 47.14%；2015 年私募投资基金进入加速发展的新阶段，资管规模高达 5.21 万亿元，同比增长 118.91%，由此导致 2014 年和 2015 年指数增长率均超过 100%。而随着行业资产规模的不断壮大，基数越来越大，保持高速增长所需的增量要求也越来越大，而且在长期快节奏的增长背后，销售渠道往往制约着规模，需要通过增速放缓、结构调整等方式化解行业中存在的各

种矛盾。

2016年该行业的规模增速开始大幅下降，导致该一级指数增长率出现大幅回调；2017年，基金子公司通道业务受到严格监管，资管规模大幅缩水。目前来看，基金公司在与其他资管机构的同业竞争中仍具有一定优势：首先，基金公司建立的初衷就是管理资产，所以它有丰富的历史经验和雄厚的人才基础；其次，相较其他行业，基金业的合规成本低，还可以利用合格的境内机构投资者（QDII）等渠道投资境外市场，有助于稳定资管规模。2019年公募基金行业受到监管的影响较小，公募基金产品的总规模和细分的各类产品的规模都有稳定的增长，私募资金产品的规模有所下滑。

二、中国财富管理产品指数

（一）指标选取与数据来源

中国财富管理产品指数旨在动态测度我国财富管理机构不同类别理财产品的发行数量。根据上文中我国财富管理行业规模指数一级指标的分类结果，我们分别对银行业、证券业、保险业、信托业和基金业做了财富管理产品的细分，并以每一类理财产品的发行数量为分析指标，对我国财富管理产品总体发行情况进行量化评估。

在银行业方面，理财产品有多种分类方法（见表4－7）。按收益类型不同，可以把理财产品划分为保证收益类产品、保本浮动收益类产品和非保本浮动收益类产品三类；按运作模式不同，可以把理财产品划分为开放式理财产品和封闭式理财产品两类；按投资者类型不同，可以把理财产品划分为一般个人类产品、机构专属类产品、私人银行类产品和银行同业类产品四类。此外，还可以按期限类型和机构类型等来划分银行理财产品。从目前的公开资料来看，对近年来银行业不同类别理财产品的发行数量进行统计的，只有按运作模式不同划分的开放式理财产品和封闭式理财产品发行数量这

两个指标。[①] 但是，2016—2020 年银行业理财登记托管中心并未公布开放式理财产品和封闭式理财产品各自的发行数量（只有发行总量），因此，在 2016 年的报告中我们用 2016 年上半年的发行数据对其进行估计，但对于 2017—2020 年仍用上一年估计的数据进行滚动估计显然不合理，受限于数据的可得性，我们改为选用银行业理财产品发行数量作为银行业理财产品指标，时间跨度为 2013—2020 年。

表 4-7 银行业理财产品的分类

分类依据	类别	数据类型
收益类型	保证收益类产品	规模存量数据*
	保本浮动收益类产品	
	非保本浮动收益类产品	
运作模式	开放式理财产品	数量流量数据** 数量存量数据*** 规模存量数据
	封闭式理财产品	
投资者类型	一般个人类产品	规模存量数据
	机构专属类产品	
	私人银行类产品	
	银行同业类产品	

说明：* 例如保证收益类产品 2017 年资金余额。
** 例如保证收益类产品 2017 年发行数量。
*** 例如开放式理财产品 2017 年底存续产品数量。

在证券业方面，我们在前几年的财富管理报告中，根据中国证券投资基金业协会发布的《中国证券投资基金业年报》和中国证券业协会发布的《中国证券业发展报告》两份报告，在分析证券业资管产品的发行数量和资金管理规模时均把产品划分为集合计划类产品、定向资管类产品和专项资管类产品三类。但随着监管政策的调整，原来对于券商资管业务的分类已不能匹配新的业务模式，中国证券投资基金业协会最新的统计指标可以佐证这一点。因此，鉴于数据的可得性与统一性，我们以 Wind 数据库中的券商新成立产品

① 其他分类方法下指标的数据类型见表 4-7。

总数指标来衡量券商资管产品的发行情况，时间跨度为2013—2020年。

在保险业方面，我国保险理财产品由人寿险下的分红险、投资连结险和万能险组成，但是保险业相关指标只统计了三个险种的保费收入，并没有统计各险种的数量。中国保险资产管理业协会也仅统计了2014—2017年保险资管产品发行数量，而没有做类别上的细分。受限于数据可得性，我们选取保险资管产品发行数量作为保险业理财产品指标，并根据中国保险资产管理业协会官网公布的保险资管产品的发行公告[①]，逐项统计了2013年保险业资管产品发行数量，由此将该数据的时间跨度拓展到2013—2020年。

在基金业方面，基金业财富管理主要由公募基金、基金公司及其子公司的资管产品和私募投资基金组成。2013年之前，私募基金需要依托信托等平台才能开展阳光私募业务；2014年1月17日，中国证券投资基金业协会发布《私募投资基金管理人登记和基金备案办法（试行）》，开启了私募基金备案制度，由此才赋予了私募基金合法身份，同时私募基金作为管理人可以独立自主发行产品。为此，我们在2013—2020年的时间区间内，选取公募基金发行数量和基金公司及其子公司资管产品发行数量两个二级指标来量化考察基金业财富管理产品的发展情况。

在信托业方面，我们参考了Wind数据库对信托业资管产品的分类方法，把信托业财富管理产品按资金投向划分为证券投资信托、贷款类信托、股权投资信托、债权投资信托、权益投资信托、组合投资信托和其他投资信托七类，并以每一类别年度发行数量来量化分析信托业财富管理产品的发行情况。时间跨度为2013—2020年。

据此，我们筛选出5个一级指标、12个二级指标，同时延续上文关于财富管理行业规模指数的数据跨度和频率，以此来构建2013—2020年中国财富管理产品指数。具体的指标体系及数据描述见表4-8，原始数据见表4-9。

---

① 中国保险资产管理业协会网站从2015年才开始分类别统计不同资管产品的产品数量，所以我们选用产品发行总数量指标。

表 4-8 中国财富管理产品指数一级、二级指标分类及其数据来源

一级指标	二级指标	数据来源	频率
银行业	银行业理财产品发行数量	银行业理财登记托管中心、普益标准数据库	年度
证券业	券商新成立产品总数	Wind 数据库	
保险业	保险资管产品发行数量	中国保险资产管理业协会	
基金业	公募基金发行数量	中国证券投资基金业协会	
	基金公司及其子公司资管产品发行数量		
信托业	证券投资信托产品发行数量	Wind 数据库	
	贷款类信托产品发行数量		
	股权投资信托产品发行数量		
	债权投资信托产品发行数量		
	权益投资信托产品发行数量		
	组合投资信托产品发行数量		
	其他投资信托产品发行数量		

表 4-9 2013—2020 年中国财富管理产品发行数量 单位：只

一级指标	二级指标	2013 年	2014 年	2015 年	2016 年	2017 年	2018 年	2019 年	2020 年*
银行业	银行业理财产品发行数量	144 043	180 507	186 792	202 100	257 700	176 239	124 078	35 536
证券业	券商新成立产品总数	2 107	3 343	5 572	9 273	10 463	7 435	6 473	4 987
保险业	保险资管产品发行数量	103	175	121	152	216	213	255	150
基金业	公募基金发行数量	387	366	840	1 150	980	855	1 047	653
	基金公司及其子公司资管产品发行数量	2 575	7 188	9 936	5 546	1 926	1 259	1 163	773
信托业	证券投资信托产品发行数量	1 781	4 910	7 309	1 972	3 454	1 866	1 798	1 433
	贷款类信托产品发行数量	1 400	1 553	1 066	912	958	986	1 093	188
	股权投资信托产品发行数量	243	217	223	199	218	182	101	7
	债权投资信托产品发行数量	415	583	515	495	264	254	425	53

续表

一级指标	二级指标	2013年	2014年	2015年	2016年	2017年	2018年	2019年	2020年*
信托业	权益投资信托产品发行数量	730	1 367	729	654	750	763	596	122
	组合投资信托产品发行数量	296	316	215	213	257	228	204	8
	其他投资信托产品发行数量	1 009	1 038	935	1 505	2 126	2 336	3 205	1 105

说明：*数据截至2020年上半年。

（二）权重测算

按照上文的处理方法，我们在对数据进行标准化处理后，对其进行因子分析，计算得到每个指标所占的权重，权重结果见表4-10。

表4-10　中国财富管理产品指数一、二级指标权重

一级指标	二级指标	权重（%）
银行业	银行业理财产品发行数量	17.98
证券业	券商新成立产品总数	22.14
保险业	保险资管产品发行数量	20.93
基金业	公募基金发行数量	11.11
	基金公司及其子公司资管产品发行数量	11.11
信托业	证券投资信托产品发行数量	2.66
	贷款类信托产品发行数量	2.59
	股权投资信托产品发行数量	1.94
	债权投资信托产品发行数量	2.64
	权益投资信托产品发行数量	2.59
	组合投资信托产品发行数量	1.66
	其他投资信托产品发行数量	2.64

（三）指数测算

1. 中国财富管理产品二级指数测算

我们以2013年为基期，分别测算得到2013—2020年我国财富管理产品二级指数，结果如表4-11所示。

表 4-11　2013—2020 年中国财富管理产品二级指数

一级指标	二级指标	2013 年	2014 年	2015 年	2016 年	2017 年	2018 年	2019 年	2020 年
银行业	银行业理财产品发行数量	100.00	125.31	129.68	140.31	178.90	122.35	86.14	24.67
证券业	券商新成立产品总数	100.00	158.66	264.45	440.10	496.58	352.87	307.21	236.69
保险业	保险资管产品发行数量	100.00	169.90	117.48	147.57	209.71	206.80	247.57	145.63
基金业	公募基金发行数量	100.00	94.57	217.05	297.16	253.23	220.93	270.54	168.73
	基金公司及其子公司资管产品发行数量	100.00	279.15	385.86	215.38	74.80	48.89	45.17	30.02
信托业	证券投资信托产品发行数量	100.00	275.69	410.39	110.72	193.94	104.77	100.95	80.46
	贷款类信托产品发行数量	100.00	110.93	76.14	65.14	68.43	70.43	78.07	13.43
	股权投资信托产品发行数量	100.00	89.30	91.77	81.89	89.71	74.90	41.56	2.88
	债权投资信托产品发行数量	100.00	140.48	124.10	119.28	63.61	61.20	102.41	12.77
	权益投资信托产品发行数量	100.00	187.26	99.86	89.59	102.74	104.52	81.64	16.71
	组合投资信托产品发行数量	100.00	106.76	72.64	71.96	86.82	77.03	68.92	2.70
	其他投资信托产品发行数量	100.00	102.87	92.67	149.16	210.70	231.52	317.64	109.51

2. 中国财富管理产品一级指数测算

我们用上文中通过因子分析法计算出来的权重对每个行业的二级指数进行简单加权，计算得到我国财富管理产品的一级指数，结果如表 4-12 所示。

表 4-12　2013—2020 年中国财富管理产品一级指数

一级指数	2013 年	2014 年	2015 年	2016 年	2017 年	2018 年	2019 年	2020 年
银行业	100.00	125.31 (25.31%)	129.68 (3.48%)	140.31 (8.20%)	178.90 (27.51%)	122.35 (−31.61%)	86.14 (−29.60%)	24.67 (−71.36%)
证券业	100.00	158.66 (58.66%)	264.45 (66.68%)	440.10 (66.42%)	496.58 (12.83%)	352.87 (−28.94%)	307.21 (−12.94%)	236.69 (−22.96%)
保险业	100.00	169.90 (69.90%)	117.48 (−30.86%)	147.57 (25.62%)	209.71 (42.11%)	206.80 (−1.39%)	247.57 (19.72%)	145.63 (−41.18%)

续表

一级指数	2013年	2014年	2015年	2016年	2017年	2018年	2019年	2020年
基金业	100.00	186.86 (86.86%)	301.46 (61.33%)	256.27 (−14.99%)	164.01 (−36.00%)	134.91 (−17.74%)	157.85 (17.01%)	99.38 (−37.05%)
信托业	100.00	149.38 (49.38%)	144.53 (−3.25%)	100.62 (−30.38%)	119.70 (18.97%)	106.35 (−11.15%)	118.85 (11.75%)	37.38 (−68.55%)

说明：括号中为当年指数的同比增长率。

3. 中国财富管理产品指数测算

把每一个一级指数直接用上文通过因子分析法计算得到的权重进行简单加权，得到我国财富管理产品指数，结果如表 4-13 所示。

表 4-13　2013—2020 年中国财富管理产品指数

年份	2013年	2014年	2015年	2016年	2017年	2018年	2019年	2020年
指数	100.00	159.73	197.61	227.33	242.47	191.18	190.28	115.65
增长率（%）	—	59.73	23.72	15.04	6.66	−21.15	−0.47	−39.22

(四) 结果分析

1. 总体走势分析

从图 4-4 中指数的总体走势来看，2013 年至今我国财富管理产品指数呈先增后减两个发展阶段：第一阶段为 2013—2017 年的增长阶段，指数从 2013 年基期的 100 增长到 2017 年的 242.47，四年

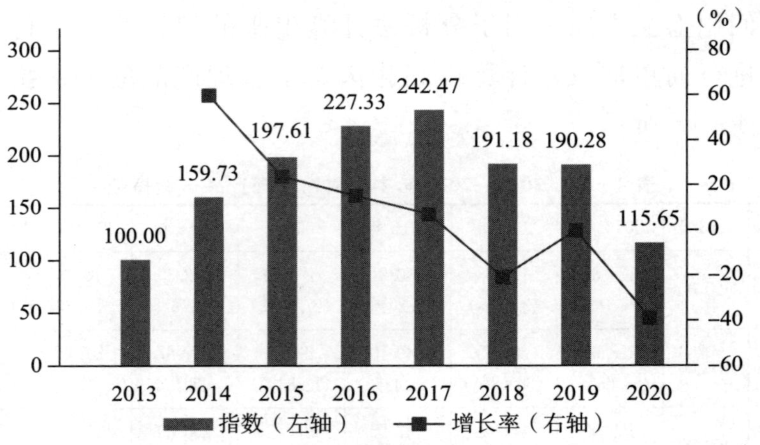

图 4-4　中国财富管理产品指数及增长率（2013—2020 年）

间增长了 1.4 倍；第二阶段为 2018 年至今的下降阶段，2018 年指数大幅下降至 191.18，同比下降 21%，截至 2020 年上半年，指数为 115.65。

事实上，从 2013 年进入大资管时代开始，银行业、证券业、保险业、信托业和基金业等各类资管行业，无论是规模还是产品数量均经历了冲高回落的过程。特别是在 2015 年，银行业、信托业和保险业的产品指数增长率出现了不同程度的下降，共同导致了 2015 年以来我国财富管理产品指数增速的大幅回调。其中，银行业财富管理产品一级指数增长率为 3.48%，信托业财富管理产品一级指数增长率为−3.25%，保险业财富管理产品一级指数增长率大幅下降至−30.86%。基金业财富管理产品一级指数尽管还保持着 60%以上的增长，但是与前几年的增长率相比，已经有较大幅度的下降。2018 年，银行业、证券业、基金业和信托业财富管理产品一级产品指数均大幅下降，导致 2018 年财富管理产品指数同比下降 21.15%，其中银行业同比下降 31.61%、证券业同比下降 28.94%、基金业同比下降 17.74%、信托业同比下降 11.15%。而 2020 年上半年指数之所以大幅下降是因为原指标为一整年的流量指标，而截至报告期为半年数据，因此测算为指数时呈现急剧下跌状态。

2. 分行业走势分析

分一级指标来看，2013—2020 年间各产品指数增长趋势分化比较严重（详见图 4－5 和图 4－6）。七年来，证券业财富管理产品一级指数处于大幅波动状态，2013—2017 年呈上升趋势，但 2018 年

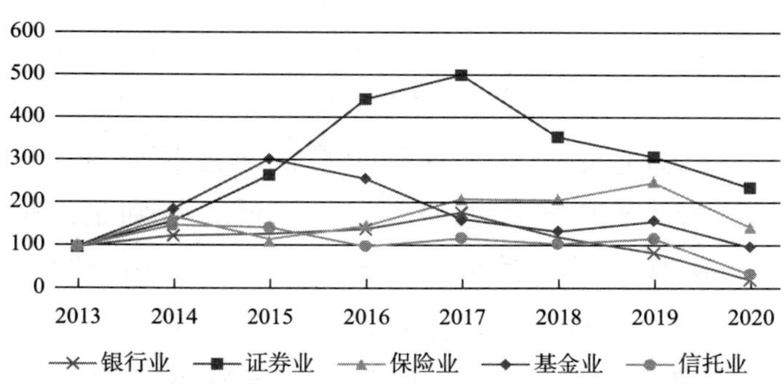

图 4－5　中国财富管理产品一级指数（2013—2020 年）

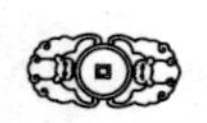

出现大幅下降；基金业财富管理产品一级指数2013—2015年呈上升趋势，但2016年起进入下降通道；保险业财富管理产品一级指数整体呈上升趋势；信托业和银行业财富管理产品一级指数一直处于波动状态。根据测算，2019年银行业财富管理产品一级指数为24.67，证券业财富管理产品一级指数为236.69，保险业财富管理产品一级指数为145.63，基金业财富管理产品一级指数为99.38，信托业财富管理产品一级指数为37.38。

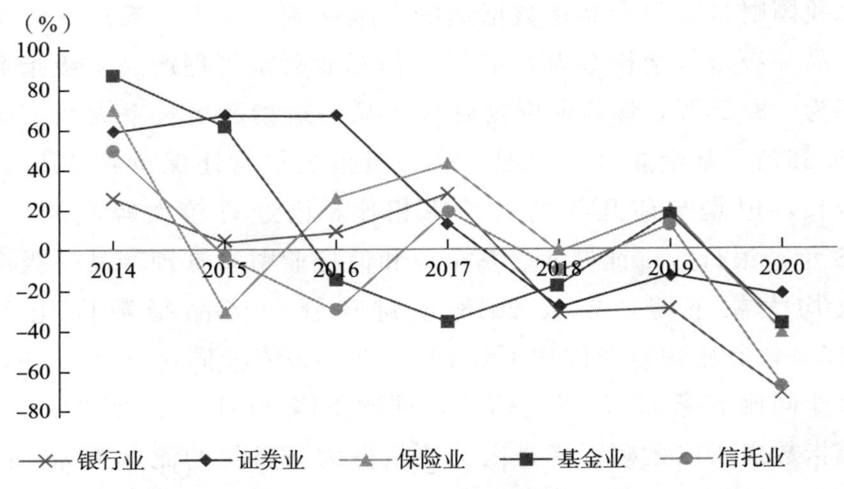

图4-6　中国财富管理产品一级指数同比增长率（2014—2020年）

（1）银行业走势分析。

在银行业方面，指数由2013年基期的100上升到2017年的178.90，2018年断崖式降至122.35，2020年又持续下跌至24.67。根据测算，2014—2020年该指数增长率依次为25.31%、3.48%、8.20%、27.51%、－31.61%、－29.60%、－71.36%。

2013—2014年，银行业凭借强大的销售渠道和客户资源，在上游获得了极大优势，这一时期是理财产品迅速扩张期。2015—2016年，银行资管的运营模式严重偏离资管本质，特别是净值型产品一直不受欢迎，刚性兑付一时难以打破，通道业务占比过重，2016年起监管部门又开始压缩通道，整顿理财，所以银行业机构理财产品发行量增速放缓。2017年，在银监会的指导下，银行理财积极转型，各银行业金融机构理财业务能力和风控能力得到有效提升，使

产品发行量增速回升明显。2018年对银行理财市场来说是不平凡的一年，一系列重磅新规出台之后，市场面临重大改革。这一年理财市场发生了很大变化，在产品方面，不仅保本理财产品和短期理财产品萎缩，而且产品向净值化转型，因此2018年银行业财富管理产品一级指数大跌。

（2）证券业走势分析。

在证券业方面，指数由2013年基期的100上升到2017年的496.58，四年间增长了近4倍，但2018年大幅下降至352.87，2020年又降至236.69。根据测算，2014—2020年证券业财富管理产品一级指数增长率依次为58.66％、66.68％、66.42％、12.83％、－28.94％、－12.94％、－22.96％。

2017年，集合计划产品发行1 469只，同比下降8.93％；定向资管产品发行5 383只，同比下降32.76％；专项资管产品发行29只，同比下降93.08％。三类产品发行量不同程度地减少导致证券业财富管理产品一级指数增长率大幅下降，究其原因，还是监管趋严所致。而2018年证券业产品指数暴跌，2019年维持大幅下跌趋势，究其原因，主要是在“资管新规”去通道、降杠杆和消除层层嵌套政策的指引下，券商资管的发展重心从过去的以“规模论英雄”主动向“优质发展”转型。提升主动管理能力、回归资管业务本源是监管的要求，也是券商资管的主攻方向。未来的券商资管将逐步回归本源，多层嵌套、蕴含极大不确定性的产品将退出历史舞台，主动管理能力和营销能力是未来券商立足于市场的核心竞争力。

（3）保险业走势分析。

在保险业方面，指数由2013年基期的100上升到2017年的209.71，四年间累计增长了一倍多，2018年指数小幅下降至206.80，2019年又大幅跃升至247.57。根据测算，截至2020年上半年，保险业财富管理产品一级指数为145.63，2014—2020年保险业指数增长率依次为69.90％、－30.86％、25.62％、42.11％、－1.39％、19.72％、－41.18％。

我国保险系资管子公司的运营较为健康，偏离资管本质的成分

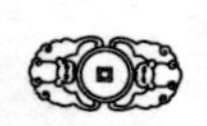

较少，但是相比其他资管产品，品种不太丰富，发行稳定性不强。未来保险资管应该丰富各类资管产品，发展主动投资；拓展第三方业务，参与大资管市场竞争；增加另类投资，实现多元化资产配置；稳步推进全球资产配置的竞争布局。

（4）基金业走势分析。

在基金业方面，2013—2020年，指数总体呈现先升后降的趋势，由2013年基期的100大幅跃升至2015年的301.46，两年间增长了2倍多，2016年起进入下降通道，至2018年已跌至134.91，2019年又大幅回升至157.85。根据测算，截至2020年上半年，基金业财富管理产品一级指数为99.38，2014—2020年该指数增长率依次为86.86%、61.33%、−14.99%、−36.00%、−17.74%、17.01%、−37.05%。

从指数构成来看，公募基金发行数量与基金及其子公司资管产品发行数量两个二级指标的权重相同，而后者的增速变动比较大，直接主导了基金业指数变动。2016年基金及其子公司资管产品仅发行5 546只，同比下降44.18%，专户理财等产品发行量的骤减，致使指数增长率大幅下跌。2018年延续了2017年的趋势，不仅基金及其子公司资管产品发行量持续减少，公募基金产品发行量也减少了14.78%。而2019年，公募基金产品发行量同比增长22.46%，使得2019年基金业产品指数大幅上升。

（5）信托业走势分析。

在信托业方面，2013—2020年指数呈现波动趋势，2020年上半年产品指数为37.38。根据测算，2014—2020年信托业财富管理产品一级指数增长率依次为49.38%、−3.25%、−30.38%、18.97%、−11.15%、11.75%、−68.55%。

2014年证券投资信托产品发行4 910只，同比增长174.76%；权益投资信托产品发行1 367只，同比增长87.26%。这两类信托产品发行量大幅增加，共同拉升了2014年信托业财富管理产品一级指数。2016年证券投资类信托产品仅发行1 972只，同比减少73.02%，导致信托业财富管理产品一级指数大幅下跌。2017年证券投资信托产品发行3 454只，同比增长75.15%，其他投资信托产品发行 2 126 只，同比增长 41.26%。这两类信托产品的发行量大幅增加，共同拉升了 2017 年信托业财富管理产品一级指数。而 2018 年，证券投资信托产品、股权投资信托产品、债权投资信托产品、组合投资信托产品等均有不同程度的下降，其中对指数影响最大的是证券投资信托产品，由 2017 年的 3 454 只下降至 2018 年的1 866 只，降幅达 45.98%，因此导致了 2018 年信托业财富管理产品一级指数的大幅下降。2019 年末，贷款类信托产品、债权投资信托产品和其他投资信托产品发行量的上升，使得 2019 年信托业财富管理产品一级指数同比上涨 11.75%。

三、中国财富管理机构发展指数

（一）指标选取与数据来源

中国财富管理机构发展指数旨在通过我国财富管理机构的集中度评估，动态刻画机构的整体发展情况。

行业集中度是指某行业相关市场内前 N 家最大的企业所占市场份额（产值、产量、销售额、销售量、职工人数、资产总额等）的总和，是对整个行业市场结构集中程度的测量指标，它可以衡量企业的数量变化和相对规模差异，是机构垄断程度和同业竞争的重要量化指标，也是在行业研究过程中评估机构发展情况的重要参考指标。[①]

在指数构建过程中，我们延续上文我国财富管理行业规模指数与产品指数的一级指标选取方法，从银行业、证券业、保险业、信托业和基金业五个方面来量化分析我国财富管理机构的集中度变化情况。

在银行业方面，我们根据 Wind 数据库提供的上市银行年度理财产品发行数量，对每家银行进行排名，计算得到排名前十的银行的理财产品发行数量的市场份额之和，以此作为银行业集中度指标。[②]

---

① 如中国证券投资基金业协会每年发布的《中国证券投资基金业年报》在分析证券机构在资产管理业务方面的发展时，就采用了排名前十的证券公司资管规模集中度指标。

② 之所以没有选择银行理财规模计算集中度，主要是因为公开数据库中没有相关数据，而如果采用查找年报的方式又很难保证数据齐全，无法计算集中度比例。

在证券业方面，我们选取中国证券投资基金业协会每年发布的《中国证券投资基金业年报》所计算的证券公司资管规模排名前十的集中度指标，来刻画证券机构的发展情况。

在保险业方面，由于保险公司财富管理规模的分机构数据不可得，而理财保险[①]属于人寿保险的新险种，人寿保险又是人身保险[②]的主要险种，人身保险公司原保险保费收入和保险公司理财规模具有高度相关性，因此我们选取排名前十的人身保险公司原保险保费收入的集中度作为保险公司财富管理规模集中度的替代变量，以此分析保险机构的发展情况。

在信托业方面，我们根据各家信托公司年报公布的资管规模数据，对每家公司进行排名，根据排名前十的信托公司的资管规模集中度来量化分析信托机构的发展情况。

在基金业方面，我们根据 Wind 数据库提供的基金公司资金规模数据，对每家基金公司进行排名，计算得到排名前十的基金公司的资金规模集中度，以此作为基金业机构的发展指标。

以上数据的时间跨度均为 2013—2020 年。具体指标选取及数据来源如表 4－14 所示。表 4－15 计算得出了 2013—2020 年中国财富管理机构集中度情况。

表 4－14　中国财富管理机构发展指数指标选取与数据来源

<table>
<tr><th colspan="2">一级指标</th><th>排名依据</th><th>排名</th><th>数据来源</th><th>频率</th></tr>
<tr><td>银行业</td><td>银行业财管集中度</td><td>银行理财产品发行数量</td><td rowspan="5">前十名</td><td>Wind 数据库</td><td rowspan="5">年度</td></tr>
<tr><td>证券业</td><td>证券业财管集中度</td><td>券商资管规模</td><td>中国证券业协会</td></tr>
<tr><td>保险业</td><td>保险业财管集中度</td><td>人身保险公司原保险保费收入</td><td>银保监会</td></tr>
<tr><td>信托业</td><td>信托业财管集中度</td><td>信托公司资管规模</td><td>信托公司年报</td></tr>
<tr><td>基金业</td><td>基金业财管集中度</td><td>基金公司资金规模</td><td>Wind 数据库</td></tr>
</table>

① 目前我国开设的理财保险主要有分红险、投连险和万能险三类。

② 人身保险按照保障范围可以分为人寿保险、人身意外伤害保险和健康保险。

表 4-15　2013—2020 年中国财富管理机构集中度情况（%）

一级指标		2013 年	2014 年	2015 年	2016 年	2017 年	2018 年	2019 年	2020 年
银行业	银行业财管集中度	51.77	49.38	40.25	31.38	34.07	32.32	35.94	36.18
证券业	证券业财管集中度	43.40	45.40	50.40	47.50	45.03	47.57	48.19	50.68
保险业	保险业财管集中度	85.73	81.72	75.85	72.30	71.30	93.49	71.78	69.38
信托业	信托业财管集中度	38.69	40.46	46.26	42.57	40.53	40.47	42.37	39.51
基金业	基金业财管集中度	48.33	52.33	49.02	47.04	51.07	45.08	43.00	43.09

（二）权重测算

按照上文的处理方法，我们在对数据进行标准化处理后，对其进行因子分析，计算得到每个指标所占的权重，结果如表 4-16 所示。

表 4-16　中国财富管理机构发展指数一级指标权重

一级指标		权重（%）
银行业	银行理财产品发行数量行业前十名集中度	22.06
证券业	券商资管规模行业前十名集中度	17.62
保险业	人身保险公司原保险保费收入行业前十名集中度	21.54
信托业	信托公司资管规模行业前十名集中度	21.52
基金业	基金公司资金规模行业前十名集中度	17.26

（三）指数测算

1. 中国财富管理机构发展一级指数测算

我们以 2013 年为基期，分别计算得到我国财富管理机构发展一级指数，结果如表 4-17 所示。

表 4-17　中国财富管理机构发展一级指数

一级指数	2013 年	2014 年	2015 年	2016 年	2017 年	2018 年	2019 年	2020 年
银行业	100.00	95.38 (−4.62%)	77.75 (−18.49%)	60.61 (−22.04%)	65.81 (8.57%)	62.43 (−5.14%)	69.42 (11.20%)	69.89 (0.67%)

续表

一级指数	2013 年	2014 年	2015 年	2016 年	2017 年	2018 年	2019 年	2020 年
证券业	100.00	104.61 (4.61%)	116.13 (11.01%)	109.45 (−5.75%)	103.76 (−5.20%)	109.61 (5.64%)	111.04 (1.30%)	116.77 (5.17%)
保险业	100.00	95.32 (−4.68%)	88.48 (−7.18%)	84.33 (−4.68%)	83.17 (−1.38%)	85.72 (3.07%)	83.73 (−2.33%)	80.93 (−3.34%)
信托业	100.00	104.57 (4.57%)	119.57 (14.34%)	110.03 (−7.98%)	104.76 (−4.79%)	104.60 (−0.15%)	109.51 (4.69%)	102.12 (−6.75%)
基金业	100.00	108.28 (8.28%)	101.43 (−6.33%)	97.33 (−4.04%)	105.67 (8.57%)	93.28 (−11.73%)	88.97 (−4.61%)	89.16 (0.21%)

说明：括号中为当年指数的同比增长率。

2. 中国财富管理机构发展指数测算

我们用上文的因子分析法计算得到的权重对一级指标指数进行简单加权，计算得到我国财富管理机构发展指数，结果如表 4－18 所示。

表 4－18　中国财富管理机构发展指数

年份	2013 年	2014 年	2015 年	2016 年	2017 年	2018 年	2019 年	2020 年
指数	100.00	101.20	99.91	91.30	91.49	90.16	91.84	90.79
增长率（%）	−7.56	1.20	−1.28	−8.62	0.21	−1.46	1.86	−1.14

（四）结果分析

1. 总体走势分析

从图 4－7 中的总体走势来看，中国财富管理机构发展指数从 2013 年基期的 100 发展至今，总体呈下降趋势，表明在过去的几年间中国财富管理机构的集中度逐渐下降，其中，2020 年上半年中国财富管理机构发展指数为 90.79，同比下降 1.14%。

2014 年，基金业、信托业和证券业集中度均有不同程度的提高，特别是监管层加强了对于基金公司子公司的监管，使基金公司子公司盲目扩张和发展的步伐得到了有效控制，最终拉高了我国财富管理全行业的集中度，导致 2014 年指数出现正增长。2016 年，

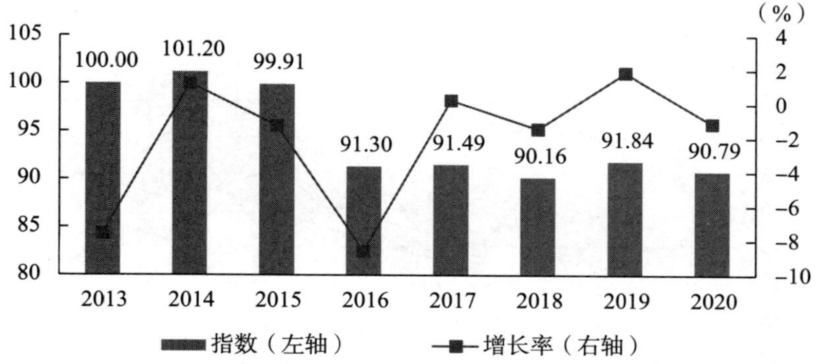

图 4－7　中国财富管理机构发展指数（2013—2020 年）

指数增长率出现大幅下跌，这一方面是因为监管部门出台了一系列规范资管市场的新政，同业竞争环境得到明显改善，五大传统金融行业内部机构间的财富管理业务竞争日趋激烈；另一方面是因为随着我国金融行业间混业经营、合作的深入，资管行业的同质性越发彰显，行业间竞争更为激烈，导致全行业集中度大幅下跌。2017 年，监管趋严，行业面临重新洗牌，集中度有所提升。而 2018 年财富管理机构发展指数之所以下降，主要是由于银行业、信托业和基金业机构集中度的下降。

2. 分行业走势分析

分一级指标来看，五个一级指数的走势分化现象比较严重（详见图 4－8 和图 4－9）。银行业、基金业和保险业指数整体呈下降趋势；证券业指数近几年呈波动上升趋势；信托业指数则一直处于波

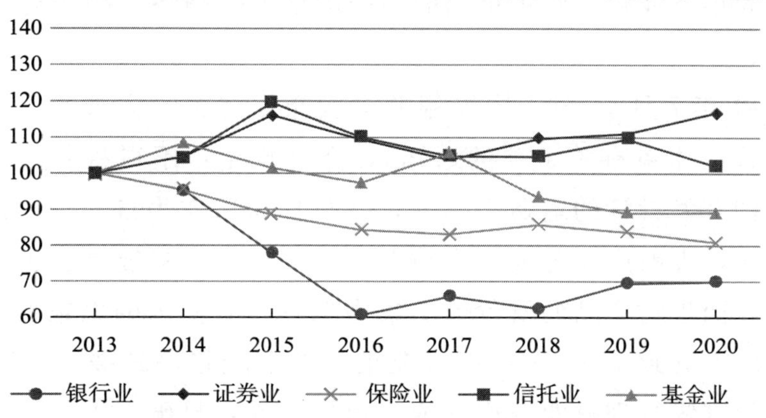

图 4－8　中国财富管理机构发展一级指数（2013—2020 年）

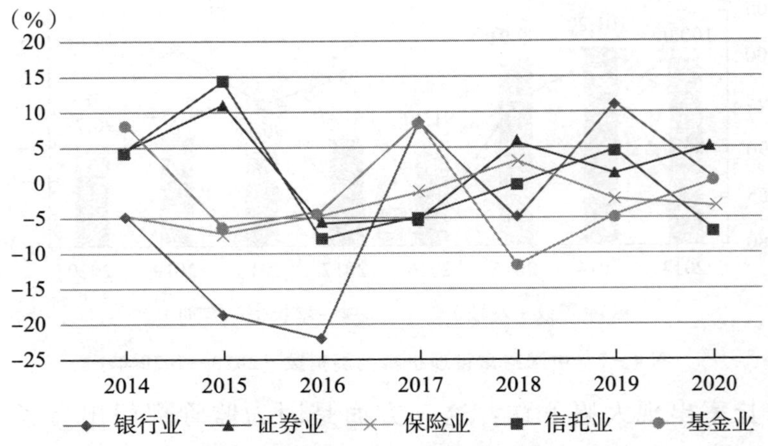

图 4-9　中国财富管理机构发展一级指数同比增长率（2014—2020 年）

动状态。根据测算，2020 年银行业指数为 69.89，同比增长 0.67%；证券业指数为 116.77，同比增长 5.17%；保险业指数为 80.93，同比下降 3.34%；信托业指数为 102.12，同比下降 6.75%；基金业指数为 89.16，同比增长 0.21%。

（1）银行业走势分析。

在银行业方面，指数由 2013 年基期的 100 下跌至 2020 年的 69.89。2014—2020 年该行业指数增长率依次为－4.62%、－18.49%、－22.04%、8.57%、－5.14%、11.20%、0.67%。整体来看，过去几年间银行业财富管理机构的集中度呈下降趋势，2019 年出现大幅回升。

2014 年 7 月 10 日，中国银监会发布了《关于完善银行理财业务组织管理体系有关事项的通知》，文件规定：不得将其他银行或金融机构开发设计的理财产品标记本行标识后作为自有理财产品销售。因此，理财产品开发能力薄弱的中小银行，只能更多地代销理财产品，而理财产品的发行会更集中依赖于有实力的大银行，这在很大程度上导致了 2014 年银行业集中度下降趋势减缓。2015 年以来，股份制银行理财业务逐渐成为市场主导，打破了银行业理财市场国有银行独大的局面，使得银行业集中度大幅降低。2017 年，监

管部门把防控金融风险放到更加重要的位置，对银行业金融机构开展专项治理，金融监管趋严，导致银行业集中度有所上升。2018 年以来，银行理财业务按照监管导向有序调整，呈现出更稳健和可持续的发展态势，银行理财逐步回归理财本质，因此集中度相较上年有所下降。

2019 年银行业集中度大幅上升，一方面，监管部门密切关注政策执行情况，打消了金融机构的侥幸心理。5 月 8 日，中国银保监会发布《关于开展“巩固治乱象成果 促进合规建设”工作的通知》，明确了银行和非银行机构巩固前期乱象整治成果的工作要点；另一方面，年中中美经贸摩擦意外升级，导致部分中小金融机构出现局部性、结构性流动性紧张。基于这两个原因，银行业理财集中度有所上升，大机构更有实力适应监管调整与流动性挑战。

（2）证券业走势分析。

在证券业方面，六年来指数一直处于波动状态，振幅有企稳趋势，2019 年指数为 116.77。2014—2020 年该指数增长率分别为 4.61％、11.01％、－5.75％、－5.20％、5.64％、1.30％、5.17％。其中，2015 年指数增长率较高，为 11.01％。

2015 年 A 股市场跌宕起伏，中小券商抵御风险的能力较弱，致使财富管理业务向券商巨头集中，最终导致集中度指数大幅上升。2018 年“资管新规”出台，加之证券行业市场体量增速整体放缓，故而业绩增长主要依赖份额及收益率提升，龙头券商综合业务实力具备竞争优势，尤其是在存量客户与渠道资源上具有不可替代的优势，故而 2018 年证券业集中度有所上升，从而导致了证券业机构指数的上升。在分类监管和金融供给侧结构性改革的影响下，2019 年券商资管业务集中度进一步提升，大型券商龙头效应集聚，中小券商差异化发展，形成自身经营特色，2019 年证券业机构发展指数上升至 111.04，同比增长 1.30％。

（3）保险业走势分析。

在保险业方面，指数总体呈现下降趋势，由 2013 年基期的 100 下降至 2020 年的 80.93。根据测算，2014—2020 年该指数增长率分别为

−4.68%、−7.18%、−4.68%、−1.38%、3.07%、−2.33%、−3.34%。

2014年，保监会坚持把释放保险业发展潜力作为监管工作的重要着力点，通过改革推动、需求拉动、政策驱动三管齐下，保险市场的同业竞争环境明显改善，行业驶入发展的快车道。在长期的险资运作过程中，保险系资管公司大都逐渐培养起较强的大类资产配置和投资能力、信用风险评价能力、市场创新活力和内生发展动力。整体来看，保险资管行业业务条线齐全，专业团队精良，长期保持均衡健康发展的状态。未来，保险机构还有很大的发展空间，一方面，可以依托能与银行资管媲美的稳定资金来源；另一方面，除了对险资保值增值外，还可以通过第三方业务拓展资金来源和相关业务。从2018年第一季度的情况来看，中国平安、中国人寿、中国太保和新华保险四家保险公司均呈现出净利润增长态势，在后三个季度，龙头公司显示出其在行业竞争中的优势，市场集中于龙头公司，因此2018年保险业机构指数有所上升。2019年，排名前十的中国人寿、中国太保和人保寿险三家机构的原保险保费同比增速仅为5%左右，因此保险机构集中度的下降导致了该行业机构指数在2019年出现小幅下滑。

(4) 信托业走势分析。

在信托业方面，2013—2020年，指数呈现波动趋势，由2013年基期的100上升至2015年的119.57，之后又逐年下降至2018年的104.60，经过2019年的小幅回升后于2020年又跌至102.12。2014—2020年该指数增长率分别为4.57%、14.34%、−7.98%、−4.79%、−0.15%、4.69%、−6.75%。其中，2015年指数增长率最高，达14.34%。

2015年我国信托业市场竞争格局尚未形成，业务技术和行业发展不如保险、券商、基金、银行等其他金融子行业规范，信托业仍有较大的成长空间。从金融机构牌照数量看，信托牌照具有一定的稀缺性，信托公司在分业经营、分业监管的金融体制下，仍享有较高的制度红利。从2016年起，信托业财富管理业务头部效应开始减

弱，市场竞争更趋良性。同时由于近几年监管框架不断明晰，信托业的市场竞争格局也由此调整，因此从2016年起至今，信托业机构指数逐年下降。

（5）基金业走势分析。

在基金业方面，六年来指数呈现波动下降趋势，2020年指数为89.16。2014—2020年该指数增长率依次为8.28%、－6.33%、－4.04%、8.57%、－11.73%、－4.61%、0.21%。其中，2018年指数降幅最大，达11.73%。

2014年，随着刚性兑付压力的凸显，基金公司子公司风险迭现，监管层也逐渐加强了对子公司的监管。随着监管风控政策的收紧，一度狂飙突进的基金公司子公司放慢盲目追求发展速度的脚步，最终导致集中度有所上升。而2018年下半年，先后有28家基金公司的40只基金产品分三次获批，且部分产品已经成功发行。养老目标基金迎来开局之年，同时政策释放的科创板的利好，为基金业带来了新的机遇与市场。因此，2018年基金业机构集中度有所下降，由此导致机构指数大幅下降。

四、中国财富管理机构声誉指数

金融机构的发展是财富管理行业发展的基础，也是行业发展水平的具体体现。前面我们从资产管理规模的角度刻画了中国财富管理机构的发展水平，然而，除了量的维度之外，还需要从质的角度衡量整个行业内机构发展的状况。财富管理本质上提供的是一种金融中介服务，因此，财富管理公司的客户满意度以及它们在社会上的声誉状况是衡量公司服务质量进而公司品牌价值外延度的重要指标。从市场营销的角度来看，它包含了公司的知名度和公司的美誉度两个方面。其中，知名度是美誉度的基础，而美誉度则体现了品牌在消费者心目中的价值水平、好感度和信任程度。在这一部分，我们利用两个不同的数据来源对上述指标进行度量。

首先，我们借助问卷调查的方式，对国内19个大型城市的个体

居民进行随机调查，从而直接获取不同地区个体居民对境内各类财富管理机构的了解和认知情况。在这一部分，我们可以获取社会公众对不同机构的评价情况。然而，受问卷调查时间的限制，这一数据只能提供2019年这一具体时点公众的评价水平。我们无法通过问卷调查的数据获取不同年份财富管理机构声誉的变化情况。为解决这一问题，我们借助近年来在资产定价领域常用的文本分析方法，从主流财经媒体的报道内容中提取报道不同机构的文章，并将这些文章反映出来的正负面情绪状况作为媒体对该机构的评价指标。

接下来，我们具体阐述各指标的构造过程。

（一）指标选取与数据描述

1. 问卷调查数据

首先，我们通过问卷调查的方式，对全国范围内19个城市的居民进行随机调查（具体问卷见附录4－1）。在问卷调查过程中，我们首先对被访者的家庭资产配置状况以及他们对理财和财富管理的基本认识进行了简单询问。随后，针对不同类别的财富管理机构，我们首先请被访者主动回答自己认为理财业务做得比较好的机构，然后按照被访者回答的先后顺序对这些机构进行排序。如果被访者一个机构都想不起来，就从备选项中逐一读出备选机构的名称进行提示，记录被访者的选择顺序。如果提示后被访者还是缺乏认知，那就填写“不知道”这一选项。

在完成问卷调查之后，我们对相关结果进行了统计处理。在这里，我们给出了两种度量指标：第一种是计算每家金融机构在调查过程中被大家在“第一选择”中提及的比例。该指标度量了被访者第一印象下的最优财富管理机构。第二种是根据每位被访者提及的所有财富管理机构，按照等权重计算每家机构被提及的比例。这一指标度量了加权方式下的财富管理机构声誉状况。图4－10至图4－18列出了简单结果。

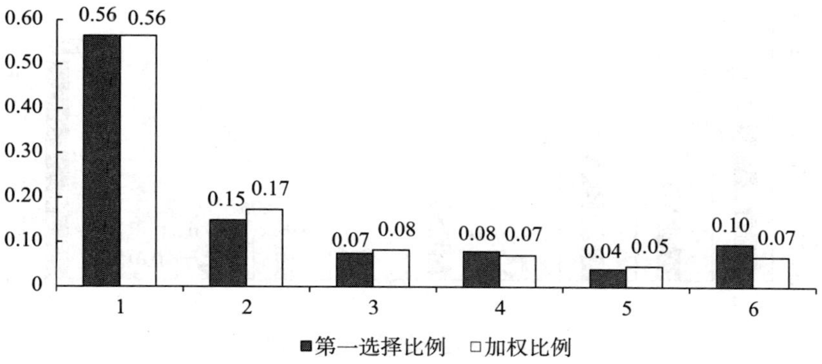

图 4－10 国有商业银行声誉

说明：（1）此处不同取值分别对应如下机构：1. 工商银行；2. 建设银行；3. 中国银行；4. 农业银行；5. 交通银行；6. 不知道。（2）图中列示的为四舍五入之后的数据，而柱形图是按原始实际数据所做，所以图中列示出的数据一样的项目，其柱形高度可能会略有差异；图中列示出的数据为 0 的，其实际数据可能并不为 0。本书后面还有较多图会出现这样的情况，不再一一说明。

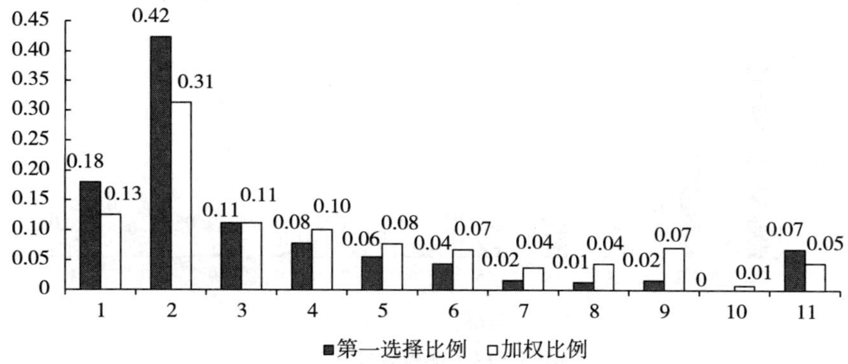

图 4－11 股份制商业银行声誉

说明：此处不同取值分别对应如下机构：1. 兴业银行；2. 招商银行；3. 民生银行；4. 平安银行；5. 浦发银行；6. 中信银行；7. 华夏银行；8. 光大银行；9. 广发银行；10. 其他；11. 不知道。

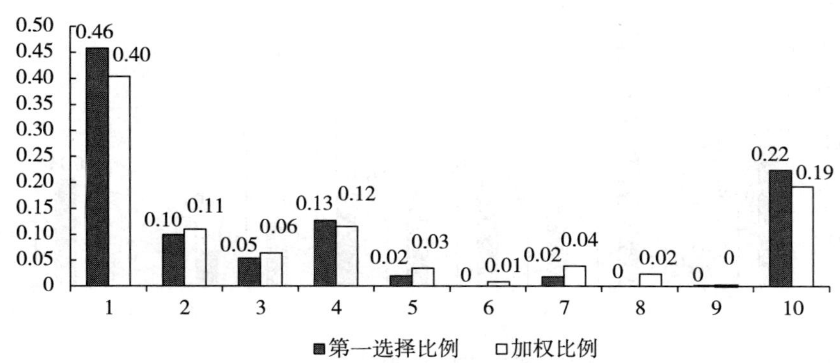

图 4－12 信托公司声誉

说明：此处不同取值分别对应如下机构：1. 中信信托；2. 中融信托；3. 华润信托；4. 平安信托；5. 兴业信托；6. 重庆信托；7. 中诚信托；8. 江苏信托；9. 其他；10. 不知道。

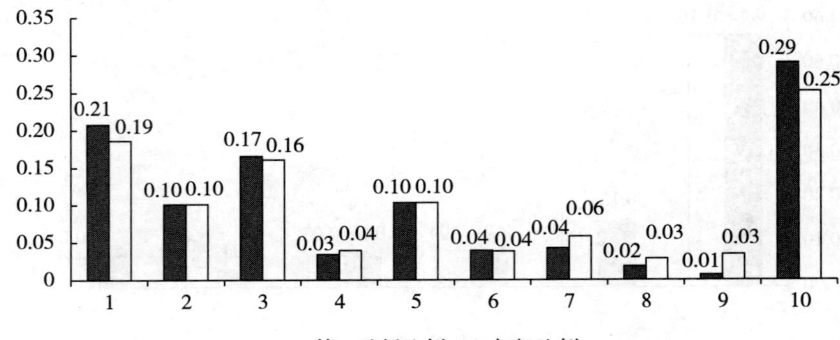

图 4－13　第三方财富管理公司声誉

说明：此处不同取值分别对应如下机构：1. 诺亚财富；2. 好买财富；3. 恒天财富；4. 格上理财；5. 宜信财富；6. 高晟财富；7. 大唐财富；8. 海银财富；9. 新湖财富；10. 不知道。

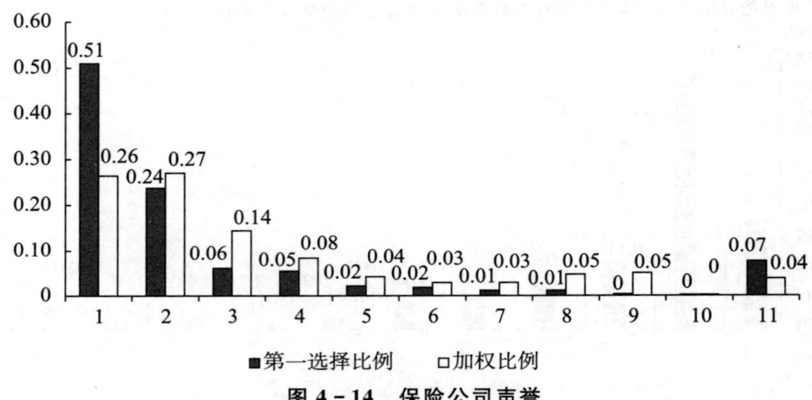

图 4－14　保险公司声誉

说明：此处不同取值分别对应如下机构：1. 中国人寿；2. 中国平安；3. 太平洋保险；4. 中国人保；5. 中国太平；6. 安邦保险；7. 新华保险；8. 泰康保险；9. 阳光保险；10. 其他；11. 不知道。

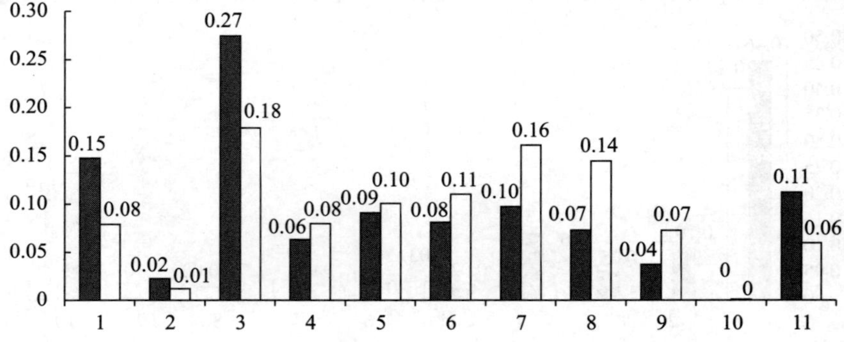

图 4－15　券商资管类财富管理机构声誉

说明：此处不同取值分别对应如下机构：1. 中信证券；2. 海通证券；3. 国泰君安；4. 华泰证券；5. 银河证券；6、中信建投；7. 招商证券；8. 国信证券；9. 申万宏源；10. 其他；11. 不知道。

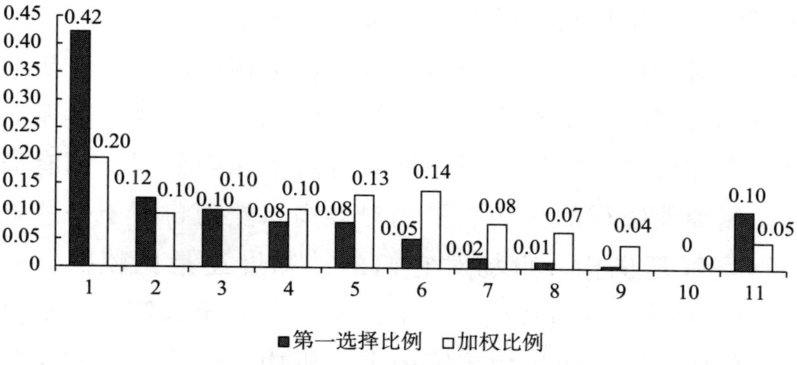

图 4－16　公募基金声誉

说明：此处不同取值分别对应如下机构：1. 华夏基金；2. 嘉实基金；3. 博时基金；4. 易方达基金；5. 南方基金；6. 广发基金；7. 工银瑞信；8. 上投摩根基金；9. 大成基金；10. 其他；11. 不知道。

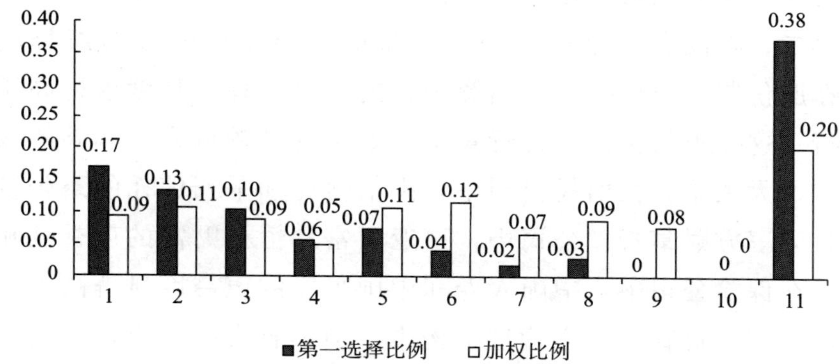

图 4－17　私募基金声誉

说明：此处不同取值分别对应如下机构：1. 赤子之心资本；2. 重阳投资；3. 千合资本；4. 淡水泉；5. 星石投资；6. 博道投资；7. 混沌道然资产；8. 朱雀投资；9. 展博资产；10. 其他；11. 不知道。

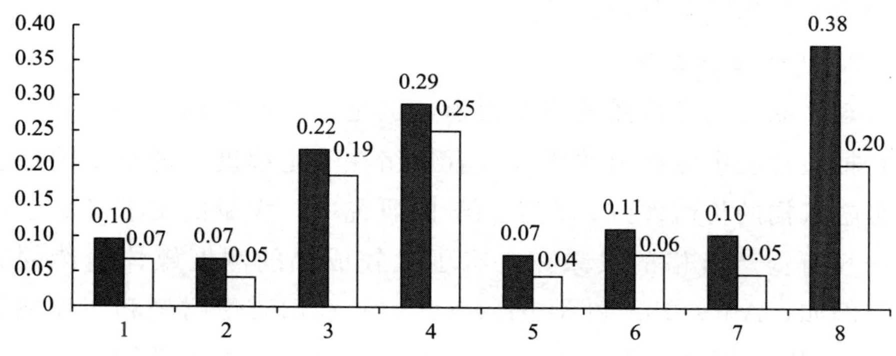

图 4－18　不同类别财富管理机构被访者选择“不知道”的比例

说明：此处不同取值分别对应如下机构：1. 国有商业银行；2. 股份制商业银行；3. 信托公司；4. 第三方财富管理公司；5. 保险公司；6. 券商资管；7. 公募基金；8. 私募基金。

从以上调查结果我们可以看到如下一些特征：

第一，对于以上八类不同的财富管理机构，被访者对于该类别中所有备选公司都不了解的比例，排名前三的依次为私募基金、第三方财富管理公司、信托公司。被访者对于保险公司、国有商业银行和股份制商业银行的认知水平相对较高。然而，对于一些近几年兴起的财富管理机构，市场对它们的认知度还是比较低。分别有38%和29%的被访者对我们列出的所有私募基金和第三方财富管理公司没有任何了解。而作为传统的金融机构，商业银行和保险公司的社会认知度明显高出很多。从市场认知的角度看，传统财富管理机构的优势还是比较明显的。

第二，在国有商业银行中，工商银行和建设银行的声誉度较高。在股份制商业银行中，招商银行的财富管理声誉度远远高于其他银行。这一点与招商银行近年来在财富管理领域大刀阔斧的改革和发展不无关系。在信托公司中，中信信托和平安信托的声誉度较高。在第三方财富管理公司中，诺亚财富和恒天财富的声誉度相对较高。在保险公司中，中国人寿和中国平安的声誉度显著高于其他公司。在券商资管类财富管理机构中，国泰君安的声誉显著高于其他券商。在公募基金中，华夏基金的声誉远远高于其他基金公司。对于各私募基金而言，声誉得分相对比较平均，没有哪家私募基金公司明显超越其他公司。

2. 媒体情绪数据

媒体既是信息传播的主要渠道，也是信息产生的重要来源。媒体在报道过程中流露出的语气或者情绪在一定程度上能够反映社会对金融机构的价值评判。在金融学的研究中，大量的文献考察了媒体语气与资产价格的关系，也有了比较成熟的测度媒体情绪的方法。例如，Antwerler和Murray（2004）利用雅虎财经和“愤怒的公牛”BBS（网络股票讨论专区）中关于道琼斯工业平均指数和道琼斯国际指数45家成份股的150万条留言，简单地根据留言中关于“买”、“卖”和“持有”的信息，构建了股市牛气指数及意见分歧指数。Tetlock（2007）用定量方法度量了媒体语气与股票市场短期

走势之间的关系。文章发现：《华尔街日报》“与市场同步专栏”中的文章体现出的悲观情绪与次日道琼斯指数收益之间有显著的负相关关系。Tetlock（2008）进一步将媒体语言的分析扩展到预测个股收益方面，结果发现，媒体对某只股票报道的情绪可以预测该股票未来的收益以及公司未来财务盈余。

为了构造媒体对财富管理机构报道内容的语气指标，我们从巨灵数据库公司购买了“中国主流财经媒体新闻报道数据库”。该数据库包括了《经济日报》《中国证券报》《上海证券报》《证券时报》《中国改革报》《金融时报》《中国日报》《证券市场周刊》《财经》等在内的 16 份主流财经媒体自 1993 年以来的新闻报道内容。考虑到中国财富管理行业从 2012 年左右开始进入快速发展的轨道，因此我们最终选择了 2012—2019 年间的媒体报道数据。

在上述数据的基础上，我们在所有报道（及其标题）中查找“财富管理”“理财”“私人银行”“家族办公室”“券商资管”“保险资管”这些词汇。如果某报道中包含了上述词汇，我们就认为这篇报道与财富管理相关。通过这种方式，我们首先从所有的媒体报道里筛选出与财富管理相关的新闻内容。

接下来，我们确定需要纳入被研究范围的财富管理机构的名录。按照通常的界定，财富管理机构主要有商业银行理财和私人银行业务机构、信托公司理财业务机构、第三方财富管理公司、保险公司、证券公司、公募基金和私募基金七大类。但是，每种类型的机构少则数十家，多则数百家。为了将研究聚焦于主要的财富管理机构，我们按照资产规模从每一种类型的机构中选出声誉度较高的公司（共 67 家）进行研究。具体来说，我们考察的商业银行（国有商业银行和股份制商业银行）主要包括：工商银行（简称工行）、中国银行（简称中行）、农业银行（简称农行）、建设银行（简称建行）、交通银行（简称交行）、兴业银行、招商银行、民生银行、平安银行、浦发银行、中信银行、华夏银行、光大银行、广发银行。信托公司主要包括：中信信托、中融信托、华润信托、平安信托、兴业信托、重庆信托、中诚信托、江苏信托。第三方财富管理公司

包括：诺亚财富、好买财富、恒天财富、格上理财、宜信财富、高晟财富、大唐财富、海银财富、新湖财富。保险公司包括：中国人寿、中国平安、太平洋保险、中国人保、中国太平、安邦保险、新华保险、泰康保险、阳光保险。证券公司包括：中信证券、海通证券、国泰君安、华泰证券、银河证券、中信建投、招商证券、国信证券、申万宏源。公募基金包括：华夏基金、嘉实基金、博时基金、易方达基金、南方基金、广发基金、工银瑞信、上投摩根基金、大成基金。私募基金包括：赤子之心资本、重阳投资、千合资本、淡水泉、星石投资、博道投资、混沌道然资产、朱雀投资、展博资产。

针对每一个财富管理机构的名称，我们分别在新闻报道的标题和正文中进行搜索和匹配，进而判断出每一个财富管理机构的名称是否出现在某篇新闻报道（标题和正文）中。

随后，我们需要测算出现了财富管理机构名称的那些新闻报道正文的语气，也称为媒体报道的情绪。为此，我们首先要构建一个有关正负面词语的词库[①]，具体包括两步：

第一步，对新闻报道内容进行分词，即采用计算机程序把所有新闻报道分解成单个的字或者词。在这一步，我们主要采用了三个标准作为分词的词库，据此对新闻报道进行分词。一是2008年6月5日由商务印书馆出版的《现代汉语词典》（第5版）。《现代汉语词典》（第5版）全书收词约65 000条，基本上反映了目前现代汉语词汇的全貌，概括了当今常用的词汇。二是2006年6月1日由中国金融出版社出版的《最新汉英经济金融常用术语实用手册》。《最新汉英经济金融常用术语实用手册》分为两部分：第一部分包含了2 000余条经济金融类常用词及相应的英文翻译，这些词是经济领域中不断出现的带有中国特色的新词；第二部分是常见的英文缩略语的中文释义。三是在《现代汉语词典》（第5版）中的所有词语前面加上一个“不”字形成一本新的词典，因为中文往往会在肯定的

① 本部分内容由中国人民大学财政金融学院汪昌云教授领衔的研究团队完成，特此感谢汪昌云教授、武佳薇博士、甘顺利博士、刘天宇博士等团队成员。

词前加一个否定副词，表示否定的含义。譬如，最常见的就是把“不”这个字加在肯定的词前面，表示否定含义，而这一部分“联合词”不会出现在以上两本词典中。因此，为了避免把否定类词语归入肯定类词语，我们设计了这一新的词典。在上述三本词典的基础上，我们对媒体报道的新闻内容进行分词。采用计算机程序和分词词库对新闻报道进行分词的结果，一共拆分成了2.5万多个单个的字或者词，并给出了它们出现的频率。这样一来，我们就能把每篇媒体报道转变为词语集合。

第二步，定义正负面词汇。我们首先借鉴知网-中文信息结构库提供的正负面词汇（2007年版本）对媒体报道内容进行匹配处理。我们知道，知网是一个以汉语词语所代表的概念为描述对象，以揭示概念与概念之间以及概念所具有的属性之间的关系为基本内容的常识知识库，是中国第一个电子知识系统，其中对中文词汇中的正负面词汇有较系统的分类。因此，采用知网的词汇分类具有较高的可信度。

为了补充知网正负面词汇数量的不足，我们根据第一步中统计的词汇，按词频高低进行排序，采用专家识别法利用人工方式对每个词进行正面、负面、中性的区分。我们选择了三个研究人员对这些词进行判断，以确定某个词是否属于感情词汇。如果属于感情词汇，那么就继续判断该词属于负面感情词汇还是正面感情词汇。具体步骤见图4-19。

通过该图可以看出，首先由三个研究人员分别处理每个时间区间内的词汇，判断出词汇的类别，即它是正面词、负面词、非感情词还是不确定词。将三个研究人员的判断结果汇总，可能出现三种结果：结果一，三者判断一致，于是把这部分词归档整理；结果二，二者判断一致，于是把这部分词发给持有异议的第三者重新判断，把判断结果和两者判断结果进行对比，一致则归档，不一致则归入异议词汇清单；结果三，其他情况，由三者重新判断，一致则归档，不一致则归入异议词汇清单。这样，我们就对所有的词汇形成了两种判断，一种是一致的，另一种是持有异议的。对持有异议

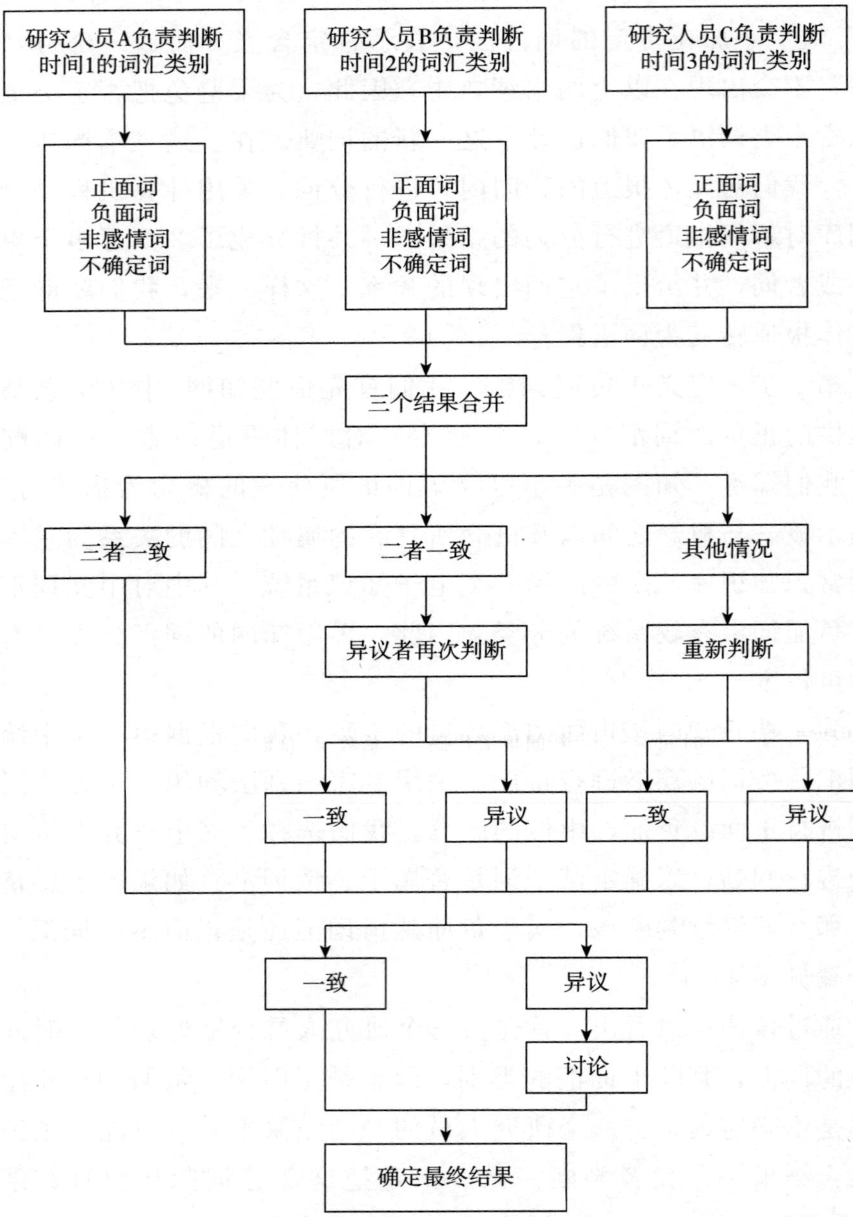

研究人员A负责判断时间1的词汇类别

研究人员B负责判断时间2的词汇类别

研究人员C负责判断时间3的词汇类别

正面词
负面词
非感情词
不确定词

三个结果合并

三者一致

二者一致

其他情况

异议者再次判断

重新判断

一致

异议

一致

异议

一致

异议

讨论

确定最终结果

图 4－19　金融词库具体构建步骤

的词，由所有研究人员集合在一起进行讨论，最终得出一个一致的结论。

结合知网提供的词汇性质和人工判断的词汇性质，我们最终整

理出适用于中国金融、财经类媒体报道类的正负面词库。该词库包括负面词 3 863 个，正面词 1 840 个。

接下来，我们利用每篇报道内容的负面词和正面词占报道中总词数的比例来量化测算每篇新闻报道的语气和倾向。公式如下：

$$Neg_{i,t}=\frac{\text{报道中负面词总数}}{\text{报道中总词数}} \tag{4-1}$$

$$Pos_{i,t}=\frac{\text{报道中正面词总数}}{\text{报道中总词数}} \tag{4-2}$$

其中，式（4－1）中 $Neg_{i,t}$ 代表媒体负面语气指数，表示财富管理机构 i 在 t 时刻的一篇媒体报道中的负面词总数占报道中总词数的比例。同理，式（4－2）中 $Pos_{i,t}$ 代表媒体正面情绪指数，表示财富管理机构 i 在 t 时刻一篇媒体报道中的正面词总数占报道中总词数的比例。通过上述步骤，得到下述格式的数据（见表 4－19）。

表 4－19　新闻报道情绪测度指标

财富管理机构名称	时间	新闻报道代码	正面词总数（个）	负面词总数（个）	总词数（个）	正面词比例	负面词比例
工商银行	2012－02－01	×××××××	10	8	200	0.05	0.04
中国银行	2012－02－03	×××××××	20	20	200	0.10	0.10
平安信托	2013－02－06	×××××××	30	40	300	0.10	0.13
中信证券	2015－02－06	×××××××	40	30	500	0.08	0.06
……	……	……	……	……	……	……	……

最后，我们构建每一个财富管理机构在每个月的媒体正面（负面）指数。其中，月度媒体（正面）负面指数定义为：

$$Institute\_id_{i,t}=\frac{1}{m}\sum_{j=1}^{m}Sentiment_{i,j,t}$$

式中，$Institute\_id_{i,t}$ 代表财富管理机构 i 在第 t 月的媒体正面（负面）指数，j 代表新闻代码，$Sentiment_{i,j,t}$ 代表财富管理机构 i 在第

t 月代码为 j 的新闻报道中的媒体正面（负面）指数，即表 4-19 中的倒数第一列（第二列）。

根据以上方法，我们计算了每个月财富管理机构在主流财经媒体上被报道的次数以及媒体报道的情绪。以下是具体的数据描述。

从图 4-20 和图 4-21 的月度走势我们可以看出，2012 年 1 月至 2020 年 5 月期间，主流财经媒体对财富管理机构的报道次数先增后减，然后再增加，分别在 2014 年初和 2016 年底达到峰值。从媒体对财富管理机构报道的内容来看，在整个样本区间，正面报道的

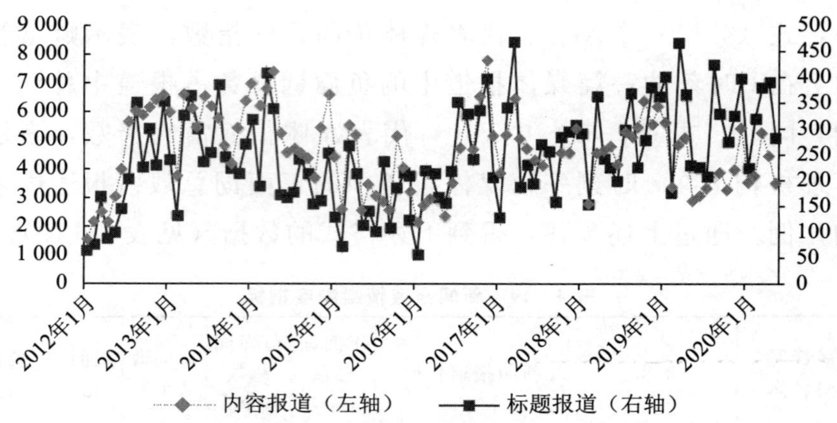

图 4-20　2012 年 1 月—2020 年 5 月间主流财经媒体报道涉及财富管理机构的次数（次）

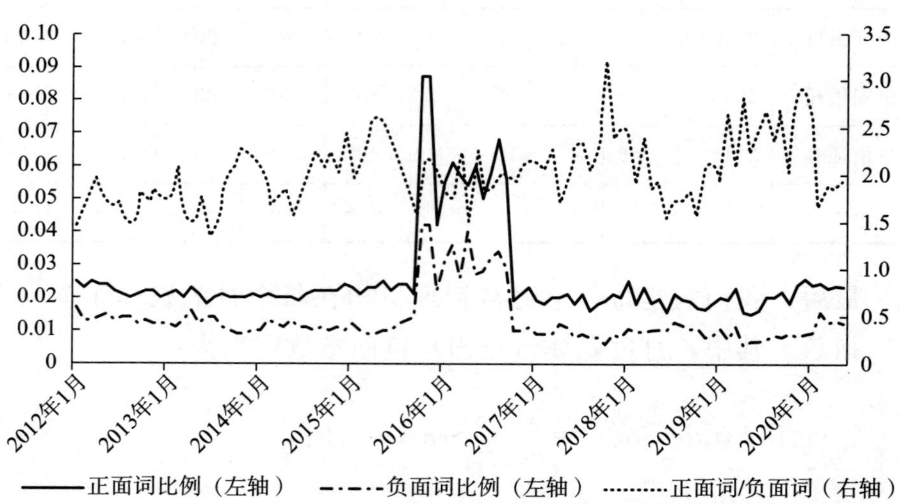

图 4-21　2012 年 1 月—2020 年 5 月间主流财经媒体对财富管理机构报道的情绪

比例始终超过负面报道的比例。这表明样本期内媒体对财富管理机构的态度是偏正面的。此外，无论是正面报道还是负面报道，样本期内媒体对财富管理机构的情绪波动比较大的阶段都主要发生在2015年10月至2016年9月。这对应着中国股票市场的大幅下跌。

（二）指数构造与结果

在这一部分，指数构造的目标是衡量财富管理行业各机构的声誉状况，以及在过去若干年中，媒体对行业内主要财富管理机构的报道的态度，并以此作为整个社会对财富管理机构的看法。这两个指数一个是从横截面角度对备选金融机构的测度；一个是从时间序列角度对整个行业的测度。由于二者不具备可比性，因此，我们分别对其进行介绍。

1. 基于问卷调查数据的指数

我们首先对主要财富管理机构的社会声誉状况进行比较。按照如下公式，我们计算出每家机构的声誉指数，并将前20家财富管理机构以图示方式进行展示。

$$Index_i^{X_t}=\frac{V_i^{X_t}-V_i^{\min(0)}}{V_i^{\max(0)}-V_i^{\min(0)}}\times 4+6$$

其中，$Index_i^{X_t}$ 为 X 机构在 t 年指标 i 的得分，$V_i^{X_t}$ 为机构 X 在 t 年指标 i 的原始数据，$V_i^{\max(0)}$ 和 $V_i^{\min(0)}$ 分别为样本机构在基期指标 i 的最大及最小原始数据。

从图4-22中我们可以看出，在所有类别的财富管理机构中，工商银行的社会声誉是最好的。包括银行、保险、信托、基金（公募和私募）、证券在内的多家机构进入前二十的行列。而第三方财富管理公司中仅有诺亚财富、恒天财富和好买财富进入前二十的行列。

为了检验指数构建的稳健性，我们进一步将被调查者的所有选项（而不仅仅是第一选项）进行加权，并在此基础上计算出样本内财富管理机构的声誉指数。这一结果见图4-23。对比图4-22和图4-23我们可以看出，在更换了计算方法之后，机构声誉指数并

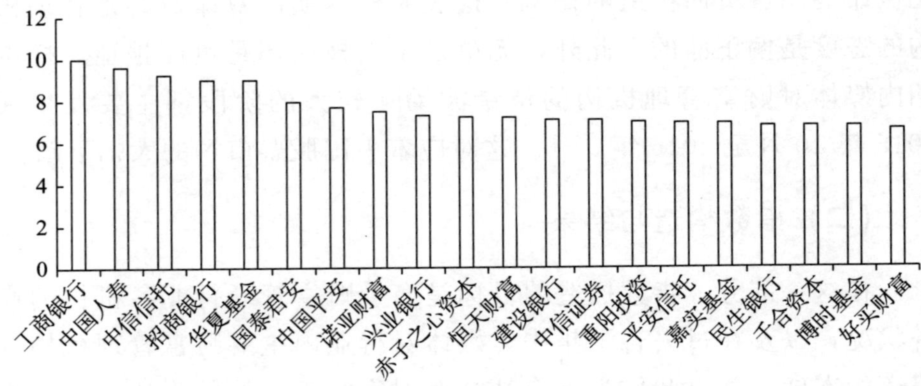

图 4－22　基于被调查者第一选择比例的机构声誉指数

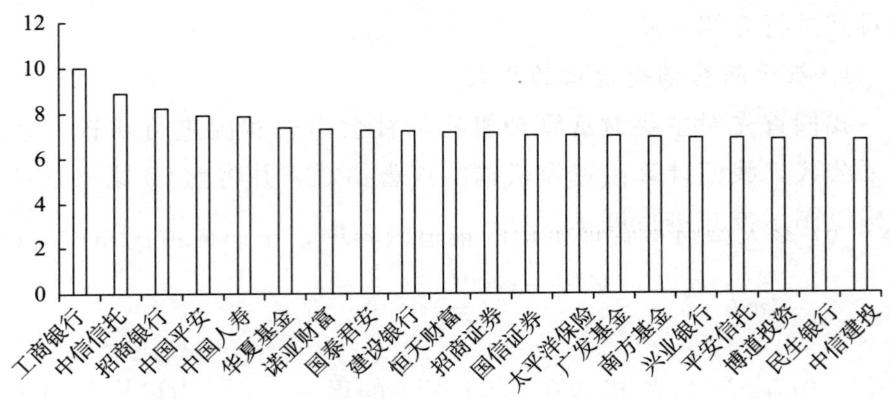

图 4－23　基于加权选择比例的机构声誉指数

没有出现太大的变化。在第二种计算方法中排名前二十的机构名单大部分未发生变化。其他金融机构的排名基本上都比较稳定。这在一定程度上证明了指数的稳健性。

2. 基于媒体报道数据的指数

以上是根据我们在 2019 年 5 月的问卷调查数据，对不同财富管理公司的社会声誉状况进行比较得出的结果。然而，受问卷调查手段的限制，我们很难在当前获取人们对财富管理公司的历史评价。为此，我们根据主流财经媒体对财富管理公司的报道内容，测度媒体报道内容的正负面情绪比例，并以此作为历史上人们对财富管理

公司声誉的度量。给定某篇报道对某个财富管理公司的情绪值之后，我们对每一年内 16 家主流财经媒体对 67 家主要财富管理机构的情绪值进行简单线性加权，得到 2012—2020 年间媒体对财富管理公司的情绪指数（如图 4－24 所示）。

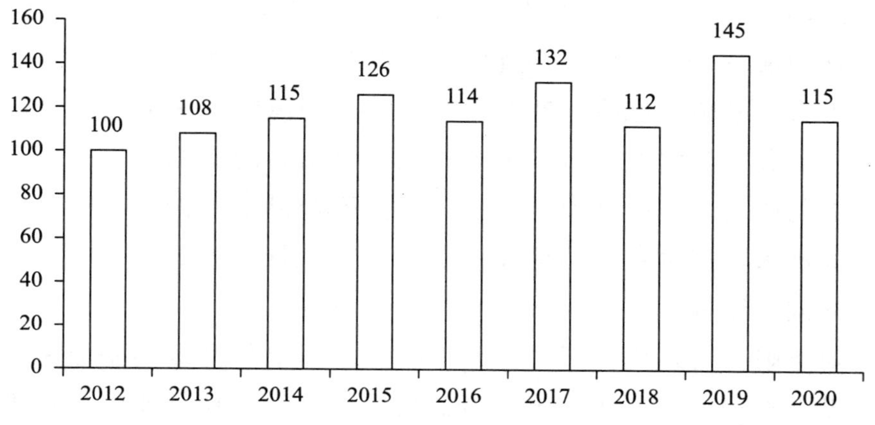

图 4－24　2012—2020 年媒体对财富管理公司的情绪指数

从该指数我们可以看出，2012—2020 年间，16 家主流财经媒体对 67 家大型财富管理机构的报道内容中，正面词占比和负面词占比的比值是在逐渐提升的。2016 年、2018 年股票市场出现了大幅波动，这一比值降低。随着股票市场逐渐平稳，这一比值在 2019 年达到历史峰值。受疫情影响，这一比值在 2020 年大幅降低。正面词占比和负面词占比的比值的这一变化反映出媒体对财富管理机构的看法整体上呈正面，并与股票市场的波动、外部经济环境相关。从媒体的角度看，除 2016 年受股票市场波动的影响及 2020 年受疫情的影响外，财富管理机构的声誉状况在持续改善。

五、中国财富管理人才队伍指数

随着中国财富管理行业的发展，居民可投资资产规模快速增长，高净值人群不断扩大。中国居民家庭的财富管理需求也开始从简单的大众理财向更为多元化的资产配置工具以及更加丰富的投资组合管理转变。投资理念逐渐成熟，投资个性化需求逐渐增多，单

一产品销售的服务模式越来越难以适应中国财富管理行业快速发展的需求。财富管理机构面临着转型和升级的压力。而要实现这一目标，一方面需要这些机构能够为客户提供丰富的金融产品组合；另一方面则需要它们从产品销售导向的业务模式向客户需求导向的业务模式转变，根据客户的不同需求，提出有针对性的财富管理方案。从产品的角度看，财富管理机构要有能力为客户提供包括信托、证券、基金、保险、外汇等在内的不同风险等级的复杂金融产品。从服务的角度看，市场越来越强调财富管理机构提供综合化解决方案的能力。也就是说，在基础性金融产品的基础上，根据客户的不同需求，提供相关的信托计划、财务规划、养老安全、遗产规划等顾问式服务。

对于财富管理机构而言，无论是市场需求的升级还是业务模式的转型，都离不开人才队伍能力的提升。财富管理行业的从业者要从简单的产品销售向基于客户风险偏好和个性需求、综合考量各类金融产品的风险收益特征、最终提供一套完整的资产配置方案的复合型人才转化。从这个意义上讲，财富管理机构人才队伍的水平决定了机构的整体水平；而全行业专业人才队伍的质量则决定了中国财富管理行业发展的水平。财富管理专业人才的争夺将会成为未来中国财富管理行业竞争的核心。

出于上述考虑，我们在本章最后一部分对中国财富管理行业人才队伍的发展状况进行测度，希望能够根据行业专业人才队伍的发展情况对行业整体发展水平做出评判。

（一）指标选取与数据描述

作为金融行业的一个重要分支，财富管理行业的专业人才队伍的水平与金融行业从业者的整体水平是密不可分的。行业内接受过金融专业高等教育的从业人员数量，高级经济师等高级职称人员数量，证券从业资格、基金从业资格、注册会计师（CPA）、注册金融分析师（CFA）等金融从业资格持证人数量都能从一定程度上反映行业专业技术人员的水平和素质。然而，具体到财富管理这一子

行业来说，市场通常比较认可的专职从业人员是由国际金融理财标准委员会认证的中国CFP系列持证人。该委员会的前身是1969年由美国金融咨询业的一些专业人士创立的全球第一个金融理财专业协会——国际金融理财协会（IAFP)。1985年，美国金融理财学院(College for Financial Planning）和CFP协会（ICFP）共同设立了国际CFP标准和实践委员会（IBCFP)。1994年，IBCFP更名为美国CFP标准委员会（CFP Board of Standards)。1990年左右，该委员会开始了其国际化的进程并陆续与加拿大、澳大利亚、日本等国家签署了CFP™合作协议，允许当地授权组织参照美国CFP标准委员会的模式，向那些在教育（education)、考试（examination)、从业经验（experience）和职业道德（ethics）等方面达到委员会要求的金融理财师颁发金融理财师（AFP)、国际金融理财师（CFP)、金融理财管理师（EFP）和私人银行家（CPB）四类CFP™资格证书。按照国际金融理财标准委员会提供的数据，截至2019年12月底，全球获得CFP认证的专业人士达18.81万人，比1999年的5.25万人增加了近2.6倍，年增长幅度约6.59%（见图4-25)。

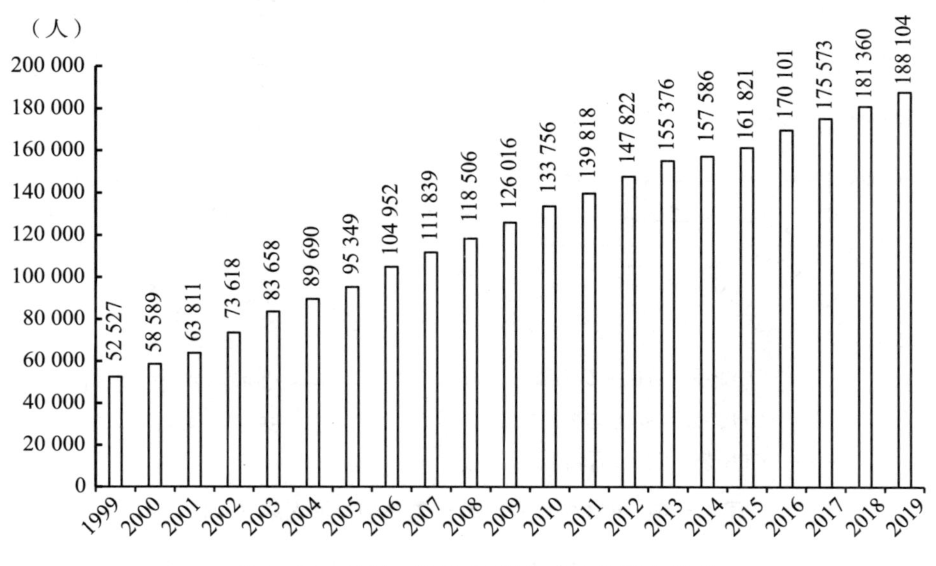

图4-25 1999—2019年全球CFP持证人数量

资料来源：中国金融教育发展基金会金融理财标准委员会。

2004年9月，在刘鸿儒教授的主持下，中国金融教育发展基金

会金融理财标准委员会（Financial Planning Standards Council of China，FPSCC）正式成立。中国财富管理行业与国际金融理财标准委员会的合作正式开始。该委员会自成立以来，为中国各大商业银行以及财富管理机构培养了大量的金融理财专家。截至 2019 年 12 月 31 日，中国 CFP 系列持证人总人数为 238 090 人，其中 AFP 持证人数为 199 093 人，CFP 持证人数达到 32 121 人，EFP 持证人数达到 3 036 人，CPB 持证人数为 3 840 人。图 4－26 给出了 2012 年 6 月至 2020 年 6 月，中国 CFP 系列持证人总人数的变化趋势。从该图我们可以看出，在过去的八年间，中国 CFP 系列持证人总人数整体呈现稳定增长态势。然而，从细分的持证人类别看，在 CFP 系列持证人总人数中低端的 AFP 持证人数所占比例超过了 80%，高端的 CFP 持证人数所占比例虽然有所上升，但是不到 15%；EFP 和 CPB 的持证人数所占比例就更低了。这在一定程度上反映出中国财富管理行业高端人才的匮乏。

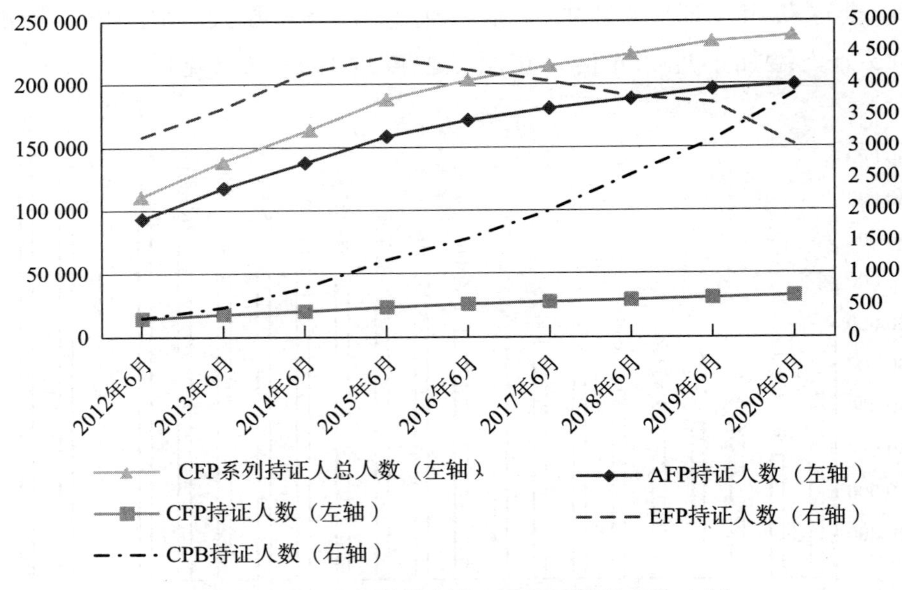

图 4－26　2012 年以来中国 CFP 系列持证人数（人）

说明：由于 2016 年 6 月底中国 CFP 持证人数量缺失，我们用 2016 年 3 月底和 2016 年 9 月底 CFP 持证人数量的均值作为该日期数值的近似替代。

接下来，我们可以将不同省/市的 CFP 持证人数做一简单对比。

表 4－20 给出了 2014 年和 2018 年中国各省（市、区）CFP 持证人数。从该表我们可以看出，截至 2018 年 12 月 31 日，CFP 持证人数超过 2 000 人的省（市、区）有北京、广东、江苏、浙江、山东和上海六个。这一数据与上述区域的经济发展和金融发展水平基本相当。进一步地，我们将 2018 年的数据与 2014 年的数据进行对比发现，在过去的四年中，上述六个省（市、区）中 CFP 持证人数增幅最大的是山东，达到 71.15%；其次是北京，而浙江的增幅不到 31%。由此，我们也可以看出，在过去的四年中，山东财富管理人才队伍的发展速度有所提升。

表 4－20　中国各省（市、区）CFP 持证人数

省（市、区）	2018 年 12 月 31 日	2014 年 7 月 14 日	增幅（%）
黑龙江	568	423	34.28
吉林	612	352	73.86
辽宁	1 023	703	45.52
内蒙古	395	187	111.23
北京	3 326	2 065	61.07
河北	1 022	690	48.12
天津	537	304	76.64
山东	2 444	1 428	71.15
山西	809	381	112.34
新疆	221	206	7.28
甘肃	236	157	50.32
宁夏	110	70	57.14
陕西	735	369	99.19
河南	1 520	825	84.24
江苏	2 857	1 936	47.57
青海	72	49	46.94
西藏	37	23	60.87
安徽	573	358	60.06
上海	2 015	1 344	49.93
四川	861	522	64.94
重庆	560	322	73.91
湖北	943	693	36.08
云南	423	299	41.47

续表

省（市、区）	2018 年 12 月 31 日	2014 年 7 月 14 日	增幅（%）
贵州	191	152	25.66
湖南	491	349	40.69
广西	352	258	36.43
江西	349	219	59.36
浙江	2 747	2 103	30.62
福建	850	620	37.10
广东	3 165	2 059	53.72
海南	147	122	20.49

说明：表中未列出我国港澳台地区的数据。

（二）指数构造与结果

人才队伍指数主要是对中国财富管理行业人才队伍在时间序列维度的变化情况的测度。我们以 2012 年 6 月为基期，以该期全国范围内获得 CFP 系列资格证书的人员总量为基准，对 2013—2020 年相关数值进行指数化处理，得到 2012—2020 年间 CFP 系列持证人总人数的指数化结果，具体见图 4 - 27。

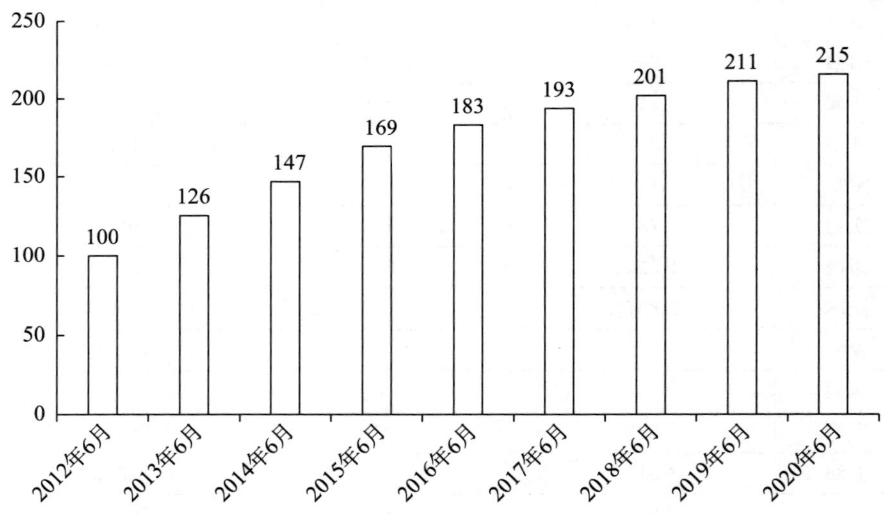

图 4 - 27　2012—2020 年间中国 CFP 系列持证人总人数指数

由于 CFP 系列持证人在水平上存在一定的差异，一般而言，AFP 属于 CFP 持证人的基础，CFP 在能力和水平上要明显高于

AFP，而 EFP 和 CPB 则又高出一个台阶，因此，为了体现 CFP 系列持证人水平的差异，我们对各类持证人赋予了不同的权重。从 AFP 到 CPB 依次取值为 1/16、3/16、5/16、7/16，然后得到了 CFP 系列持证人加权量指数（具体见图 4-28）。

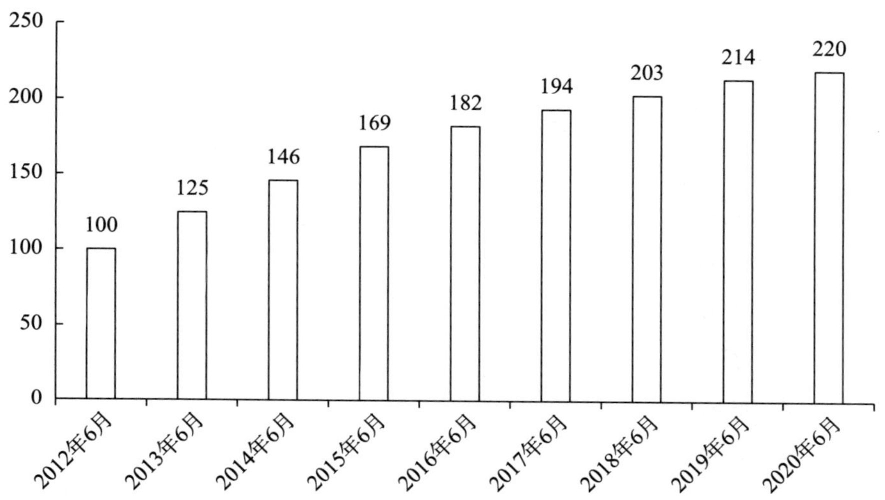

图 4-28　2012—2020 年间 CFP 系列持证人加权量指数

比较图 4-27 和图 4-28 我们可以看出，由于各年份高端理财师人员数量变化不大，因此，即便我们赋予了 EFP 和 CPB 高得多的权重，最终得到的趋势也并没有大的变化。这从一定程度上也反映出，虽然近年来中国财富管理行业的从业人员数量和素质都有了持续的提高，但是行业内高端人才的发展依然比较缓慢，高端人才匮乏的局面并没有得到根本性改变。

附录 4-1　电话问卷调查

您好！我们是中国人民大学财政金融学院课题组，受青岛市金融办的委托进行国内财富管理现状相关调研，能占用您五分钟时间吗？

如果对方一定要问，直接告诉他们事实，也就是课题名字——青岛财富管理发展指数研究，目的就是评估不同城市财富管理发展

水平，以便进行政策决策。

一、直接记录

1.1 性别：

1. 男
2. 女

1.2 您的常住城市（无须读选项，根据系统信息和客户确认城市）：

1. 北京
2. 上海
3. 天津
4. 重庆
5. 深圳
6. 哈尔滨
7. 长春
8. 沈阳
9. 大连
10. 济南
11. 青岛
12. 南京
13. 杭州
14. 宁波
15. 厦门
16. 广州
17. 武汉
18. 西安
19. 成都

二、家庭财务情况

2.1 您家目前是否购买了如下金融资产？（可多选）（如选 1～6 则跳答 2.3，如选 7 则续问 2.2）

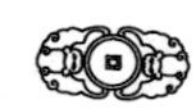

1．股票
2．基金
3．商业银行或者其他金融机构发行的理财产品
4．外汇
5．债券
6．保险
7．没有

2.2 您是否知道如下金融产品？（可多选）

1．股票
2．基金
3．商业银行或者其他金融机构发行的理财产品
4．外汇
5．债券
6．保险
7．没有（终止）

2.3 您家在本市是否有自有住房？（单选）

1．是
2．否

三、理财认知

3.1 您家的理财计划可以描述为以下哪种情形？（单选）

1．非常明确　2．比较明确　3．一般　4．不太明确
5．非常不明确　6．从来没有理财计划

3.2 您认为以下金融机构中有哪些提供理财服务？（可多选）

1．商业银行　2．证券公司　3．基金公司　4．保险公司
5．信托公司　6．第三方财富管理公司

3.3 您认为以下哪些国有商业银行的理财业务做得比较好？(可多选)(如无提示时被访者主动回答，则根据被访者回答的先后顺序排序；如被访者一个都想不起来，则逐一读出选项进行提示，并记录被访者的选择顺序；如提示后被访者还是不知道，可选“不知道”选项，“不知道”选项不读出)

1. 工商银行　2. 建设银行　3. 中国银行

4. 农业银行　5. 交通银行　6. 不知道

3.4 您认为以下哪些股份制商业银行的理财业务做得比较好？(可多选)(如无提示时被访者主动回答，则根据被访者回答的先后顺序排序；如被访者一个都想不起来，则逐一读出选项进行提示，并记录被访者的选择顺序；如提示后被访者还是不知道，可选“不知道”选项，“不知道”选项不读出)

1. 兴业银行　2. 招商银行　3. 民生银行　4. 平安银行

5. 浦发银行　6. 中信银行　7. 华夏银行　8. 光大银行

9. 广发银行　10. 其他　11. 不知道

3.5 您认为以下哪些信托公司的理财业务做得比较好？(可多选)(如无提示时被访者主动回答，则根据被访者回答的先后顺序排序；如被访者一个都想不起来，则逐一读出选项进行提示，并记录被访者的选择顺序；如提示后被访者还是不知道，可选“不知道”选项，“不知道”选项不读出)

1. 中信信托　2. 中融信托　3. 华润信托　4. 平安信托

5. 兴业信托　6. 重庆信托　7. 中诚信托　8. 江苏信托

9. 其他　10. 不知道

3.6 您认为以下哪些第三方财富管理公司的理财业务做得比较好？(可多选)(如无提示时被访者主动回答，则根据被访者回答的先后顺序排序；如被访者一个都想不起来，则逐一读出选项进行提示，并记录被访者的选择顺序；如提示后被访者还是不知道，可选

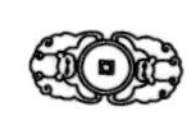

“不知道”选项，“不知道”选项不读出）

1. 诺亚财富　2. 好买财富　3. 恒天财富　4. 格上理财
5. 宜信财富　6. 高晟财富　7. 大唐财富　8. 海银财富
9. 新湖财富　10. 其他　　11. 不知道

3.7 您认为以下哪些保险公司的理财业务做得比较好？（可多选）（如无提示时被访者主动回答，则根据被访者回答的先后顺序排序；如被访者一个都想不起来，则逐一读出选项进行提示，并记录被访者的选择顺序；如提示后被访者还是不知道，可选“不知道”选项，“不知道”选项不读出）

1. 中国人寿　2. 中国平安　3. 太平洋保险　4. 中国人保
5. 中国太平　6. 安邦保险　7. 新华保险　　8. 泰康保险
9. 阳光保险　10. 其他　　11. 不知道

3.8 您认为以下哪些证券公司资产管理业务做得比较好？（可多选）（如无提示时被访者主动回答，则根据被访者回答的先后顺序排序；如被访者一个都想不起来，则逐一读出选项进行提示，并记录被访者的选择顺序；如提示后被访者还是不知道，可选“不知道”选项，“不知道”选项不读出）

1. 中信证券　2. 海通证券　3. 国泰君安　4. 华泰证券
5. 银河证券　6. 中信建投　7. 招商证券　8. 国信证券
9. 申万宏源　10. 其他　　11. 不知道

3.9 您认为以下哪些公募基金公司的资产管理业务做得比较好？（可多选）（如无提示时被访者主动回答，则根据被访者回答的先后顺序排序；如被访者一个都想不起来，则逐一读出选项进行提示，并记录被访者的选择顺序；如提示后被访者还是不知道，可选“不知道”选项，“不知道”选项不读出）

1. 华夏基金　2. 嘉实基金　3. 博时基金　4. 易方达基金
5. 南方基金　6. 广发基金　7. 工银瑞信　8. 上投摩根基金

9. 大成基金　10. 其他　　11. 不知道

3.10 您认为以下哪些私募基金公司的资产管理业务做得比较好？（可多选）（如无提示时被访者主动回答，则根据被访者回答的先后顺序排序；如被访者一个都想不起来，则逐一读出选项进行提示，并记录被访者的选择顺序；如提示后被访者还是不知道，可选“不知道”选项，“不知道”选项不读出）

1. 赤子之心资本　2. 重阳投资　3. 千合资本　4. 淡水泉
5. 星石投资　6. 博道投资　7. 混沌道然资产　8. 朱雀投资
9. 展博资产　10. 其他　11. 不知道

四、背景信息

1.3 您的年龄：

1.18 岁以下
2.18～25 岁
3.26～30 岁
4.31～35 岁
5.36～40 岁
6.41～45 岁
7.46～50 岁
8.51～65 岁
9.65 岁以上（不包含 65 岁）
10. 拒访（不读出）

1.4 您的婚姻状况：

1. 未婚
2. 有配偶
3. 离婚
4. 丧偶
5. 其他

6. 拒访（不读出）

1.5 您家一共有________口人（可填拒访）。

1.6 您的受教育程度：

1. 初中及以下
2. 高中或中专
3. 大学专科
4. 大学本科
5. 研究生
6. 拒访（不读出）

1.7 您的职业：

1. 公务员
2. 事业单位
3. 企业员工
4. 私营企业主
5. 务农
6. 军人
7. 其他
8. 拒访（不读出）

1.8 您的民族：

1. 汉族
2. 少数民族
3. 外籍人士
4. 入籍
5. 拒访（不读出）

1.9 您的党派：

1. 中国共产党
2. 民主党派
3. 共青团
4. 无党派
5. 拒访（不读出）

附录 4－2　完整的财富管理机构声誉指数

附表 4－1　财富管理机构声誉指数

机构名称	基于第一选择比例	基于加权选择比例
工商银行	10.00	10.00
建设银行	7.06	7.20
中国银行	6.48	6.54
农业银行	6.56	6.47
交通银行	6.30	6.28
兴业银行	7.28	6.85
招商银行	9.00	8.22
民生银行	6.75	6.75
平安银行	6.55	6.67
浦发银行	6.39	6.50
中信银行	6.31	6.43
华夏银行	6.11	6.21
光大银行	6.09	6.26
广发银行	6.11	6.45
中信信托	9.24	8.88
中融信托	6.70	6.74
华润信托	6.38	6.41
平安信托	6.90	6.83
兴业信托	6.14	6.19
重庆信托	6.00	6.00
中诚信托	6.13	6.22
江苏信托	6.00	6.11
诺亚财富	7.47	7.30

续表

机构名称	基于第一选择比例	基于加权选择比例
好买财富	6.71	6.66
恒天财富	7.17	7.13
格上理财	6.24	6.23
宜信财富	6.69	6.69
高晟财富	6.28	6.22
大唐财富	6.30	6.36
海银财富	6.13	6.14
新湖财富	6.05	6.19
中国人寿	9.61	7.86
中国平安	7.68	7.91
太平洋保险	6.43	6.99
中国人保	6.38	6.54
中国太平	6.15	6.24
安邦保险	6.13	6.15
新华保险	6.08	6.19
泰康保险	6.07	6.28
阳光保险	6.02	6.30
中信证券	7.05	6.51
海通证券	6.16	6.03
国泰君安	7.94	7.24
华泰证券	6.45	6.52
银河证券	6.64	6.67
中信建投	6.57	6.74
招商证券	6.69	7.11
国信证券	6.52	6.99
申万宏源	6.26	6.47
华夏基金	8.99	7.36
嘉实基金	6.87	6.63
博时基金	6.72	6.65
易方达基金	6.57	6.70
南方基金	6.57	6.89
广发基金	6.37	6.95
工银瑞信	6.13	6.53

续表

机构名称	基于第一选择比例	基于加权选择比例
上投摩根基金	6.08	6.42
大成基金	6.03	6.25
赤子之心资本	7.20	6.62
重阳投资	6.94	6.72
千合资本	6.74	6.59
淡水泉	6.40	6.30
星石投资	6.53	6.72
博道投资	6.29	6.78
混沌道然资产	6.13	6.43
朱雀投资	6.21	6.58
展博资产	6.00	6.51

第五章

区域财富管理指数

财富管理，简单来说，是指金融机构为其客户提供的金融综合服务，包括资产配置、投资顾问等。投资者为实现其财富的保值增值，对财富管理的需求日益上升。我国的财富管理行业起步较晚，不同地区的发展也存在不平衡、不全面的特点。为了更加深入地了解各地区财富管理发展的现状，分析不同地区财富管理发展的优势和“短板”，有必要编制一套能够综合反映地区财富管理发展状况的指数体系，以跟踪财富管理发展动态，进一步为财富管理实践提供指导和参考。具体来说，编制区域财富管理指数的出发点主要有四个：（1）反映地区财富管理的发展环境，也就是当地社会经济环境总体状况，更具体而言即经济体系的市场化程度；（2）反映地区金融业发展尤其是财富管理行业政策支持状况及环境，包括理财师的供给；（3）反映地区财富管理需求状况；（4）反映地区财富管理行业规模。由此构建六个方面的指数，首先从不同渠道获取各个分项指标的基础数据，通过正指标无量纲化法对其进行标准化处理，之后进行简单平均，得到方面指数和总指数。简单平均要求排名靠前的城市不仅在各个单项上表现较好，而且不能有明显的弱点。它反映了财富管理中心全方位发展的要求。

作为财富管理指标体系的一部分，本章结构安排如下：第一节

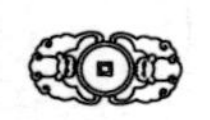

为指标体系构建，主要包括指标选取原则及权重确定；第二节为数据描述；第三节是指标权重及计算方法；第四节为数据来源；第五节是结果展示；第六节是结果分析。

一、指标体系构建

根据指数编制的出发点，本报告所选指标在保证数据可获得性和真实性的基础上，尽可能全面地反映地区金融，尤其是财富管理行业的发展状况。区别于一般商业机构的行业发展分析，我们更加侧重从宏观角度了解和跟踪行业发展状况，所以相应指标以省市级层面为主。同时为保证横向的可比性，同一指标各地区数据均采用相同的时间基期。

具体而言，本报告中财富指数由六个方面的一级指数构成，每个一级指数反映地区经济金融发展的一个方面，分别为：

（1）地区经济市场化程度；

（2）地区金融发展政策支持程度；

（3）地区金融规划重视程度；

（4）地区财富管理需求状况；

（5）地区财富管理规模；

（6）地区理财师数量。

在每一个指数下，包含多个二级分项指数，从不同角度对一级指数加以补充和完善。多层次、多维度指数体系的建立主要是出于以下两个方面的考虑：

首先，由于每一个基础指数实际上都源于一类数据，所以在很大程度上只能反映该地区一个方面的信息。若仅仅设置一级指数，那么很容易造成信息遗漏或者偏差。在一级指数下设置二级指数并由二级指数综合提取一级指数可以综合多方面信息对一级指数加以度量，这提高了一级指数的精确度，也尽可能地避免了可能的偏误。

其次，所有指标均可客观度量，缺失的个别指标数据通过平滑

预测值替代，尽量避免主观判断，数据均来自权威统计机构或各地政府网站。对原始数据加以标准化处理后进行统计分析，尽可能综合保证数据的可靠度和指数构造中数据的适用性。

下面对财富管理指数中相关指数的构成及指数数据来源加以说明。

(一) 地区经济市场化程度

自1978年中国开始改革开放以来，我国经济体制经历了多方面的改革，基本上从传统的计划经济体制转向了市场经济体制。市场化改革极大地焕发了经济活力，加速了经济增长，使居民收入大幅提高，福利大为改善。不可否认，市场化改革在一定程度上创造了中国的经济增长奇迹。但我们仍然要清醒地认识到，我国的市场化改革并未完成。党的十八届三中全会提出，要全面深化改革，要使市场在资源配置中起决定性作用。因此，进一步推进市场化改革、改善资源配置、提高经济效率是中国经济当前面临的重要任务。本章旨在测算区域财富管理指数，通过对不同地区经济市场化改革的总体情况和不同方面的进展情况进行比较，考察不同地区财富管理的发展环境，为区域财富管理指数的编制提供有力的支持。

地区经济市场化程度方面的指标共由5个分项指标构成，分别反映市场化的某个特定方面。它们是：政府与市场的关系、非国有经济的发展、产品市场发育程度、金融业市场化程度、市场中介组织的发展。为了全面反映市场化各个方面的情况，每个方面指数由若干分项指数构成。通过对分项指数的分析，可以找出薄弱环节和制约因素，从而评价不同方面、不同地区的得失，以便综合了解各地区经济发展状况以及市场化情况，为考察财富管理行业提供更全面的资料。

1. 政府与市场的关系

市场化程度可用来衡量地区经济环境，较高的市场化程度既是地区经济发展和政府推进改革的体现，又能为经济的深化发展尤其是金融业的发展提供环境条件。在本报告中我们主要采用《中国分省份市场化指数报告（2018）》（以下简称“樊纲指数”）作为地区经济市场化程度的数据来源，综合考虑数据的可获得性以及财富管理指数的侧重点，我们对其中部分分项指数做了调整。调整后该指标共由3个二级分项指标构成，分别为市场分配经济资源的比重、政府对企业的干预、政府规模。现将各二级分项指标介绍如下。

（1）市场分配经济资源的比重。

我们参考樊纲指数中的数据选取方法，以各地方政府支出占当地GDP的比值作为政府配置资源程度的代理变量，这一比值的余项可作为市场配置资源程度的代理变量。樊纲指数中各地方政府支出包含一般公共预算支出和由政府性基金形成的支出，考虑到政府性基金数据缺失，我们选择地方公共财政支出作为衡量各地方政府支出的替代变量，虽然可能会遗漏部分信息，但在各地数据标准化之后仍然能够在一定程度上反映政府分配经济资源的程度。

严格从理论上讲，政府支出比重与市场化程度之间并非简单的线性关系，也并非在所有经济状况下，较高的政府支出都意味着较低的市场分配资源能力。但在目前我国仍未完全实现市场化的背景下，对比不同地区政府支出占比的相对高低仍然可以在一定程度上反映区域经济的市场化水平。

（2）政府对企业的干预。

在市场经济条件下，廉洁、高效、透明的政府是市场正常运转的必要条件。政府的行政审批手续方便简捷，可以有效减少政府工作人员滥用职权向企业和居民寻租，减少企业额外负担，净化市场环境，便于企业经营。政府行政审批手续越简单快捷，企业经营中所承担的额外负担就越低，市场化环境就越宽松。樊纲指数中通过调查问卷的形式得到企业与政府部门交流所用时间以及行政审批手续的方便简捷程度两方面的信息，以提取地区得分。由于数据难以获取，我们使用该指数基础指标2008—2016年的数据进行平滑预测，得到2019年水平值加以替代。

（3）政府规模。

地方政府规模的过度膨胀会在一定程度上增加社会负担，政府

人员过多、机构膨胀不但会降低政府管理效率，还会在一定程度上拖慢市场经济的发展速度。我们采用公共管理和社会组织就业人数占当地总人口数量的比例来衡量政府的相对规模。应该说明，从成本与收益的角度来考虑，政府规模应该也具有一个最优的水平。一定规模的政府是必要的，但随着政府规模的扩大，当它带来的收益小于维持政府规模的成本时，就会导致对正常市场活动的不良影响。因此，较小的政府相对规模在一定意义上反映了较高的市场化程度。

2. 非国有经济的发展

在政府主导的经济体制下，国有经济是国民经济的主要代表，而随着市场化改革的推进，非国有经济部门对我国经济发展的贡献日益提升，所以衡量不同地区非国有经济的发展状况也是反映地区经济市场化水平的方法之一。具体而言，我们通过非国有经济在工业企业销售收入中所占比例和非国有经济就业人数占比这两个分项指数来反映。

（1）非国有经济在工业企业销售收入中所占比例。

市场化改革的一个重要成果就是非国有经济的快速发展，在计划经济体制下，国有企业在工业企业销售收入中占据主导地位。随着市场化改革的深化，非国有企业经济总量大幅增加。因此，通过计算非国有经济在工业企业销售收入中所占比例可以衡量市场化改革的效果，反映非国有经济的发展水平。具体来说，我们采用以下公式作为非国有经济在工业企业销售收入中所占比例的代理指标：

$$\begin{matrix}\text{非国有经济在工业企业}\\ \text{销售收入中所占比例}\end{matrix}=1-\frac{\text{国有及国有控股企业产品销售收入}}{\text{工业企业产品销售收入}}$$

与前述指标中关于指标和市场化的关系类似，此处的指标与市场化程度之间也非简单线性关系，但在目前情况下，我们假定非国有经济在工业企业销售收入中所占比例较高意味着市场化水平较高。

（2）非国有经济就业人数占比。

我们采用非国有经济就业人数占比作为指标是为了对非国有经

济在工业企业销售收入中所占比例做一个有益的补充。由于非国有经济在工业企业销售收入中所占比例只反映了非国有经济在工业方面的成果，而非国有经济就业人数占比可以从劳动力这一生产要素的角度来衡量各部门非国有经济的发展状况，而不仅仅局限于工业部门，所以我们采用非国有经济就业人数占比这一指标。具体而言，我们采用以下公式作为非国有经济就业人数占比的代理指标：

$$\text{非国有经济就业人数占比}=1-\frac{\text{城镇国有单位就业人数}}{\text{城镇就业总人数}}$$

由于部分数据缺失，我们用樊纲指数中的分项指标平滑预测 2019 年数据得到。与樊纲指数相比，我们此处删去非国有经济在全社会固定资产投资中所占比例这一指标，原因是这一分项指标数据误差较大，使用意义不大。

3．*产品市场发育程度*

产品市场发育程度分项指数主要反映地区产品市场市场化程度，主要由两个二级分项指数构成，分别为市场价格决定程度和商品市场上的地方保护，这两个二级分项指数的数据均来自《中国分省份市场化指数报告》。具体而言，在《中国分省份市场化指数报告》一书中，市场价格决定程度这一分项指数是根据《中国物价年鉴》提供的各省份农副产品收购总额、生产资料销售总额和社会消费品零售总额中市场定价部分的比例（即扣除实行政府定价和政府指导价的部分后的比例）计算的，并近似估算了上述三类产品在社会总产品中的比例，采用不同权重，合成了“市场定价比重”，以此反映各地价格由市场决定的程度。而商品市场上的地方保护使用各地抽样调查样本企业在全国各省份销售产品或从事其他经营活动时遇到的地方保护或行政性限制措施（涉及每个省份的陈述件数）占总体陈述件数之比来衡量各省份的地方保护情况。为了消除各地经济规模大小不同对陈述件数造成的影响，作者用相应省份的经济规模（用 GDP 表示）对该比值进行了调整，使之在不同省份间具有可比性。该比值越小，说明地方保护越少，因此评分越高。

（1）市场价格决定程度。

党的十八届三中全会提出，要使市场在资源配置中起决定性作用。所谓“决定性作用”，是指市场在所有社会生产领域的资源配置中处于主体地位，对于生产、流通、消费等各环节的商品价格拥有直接决定权。市场决定资源配置的机制，主要包括价格机制、供求机制、竞争机制以及激励和约束机制。其作用主要体现在：以利润为导向引导生产要素的流向，以竞争为手段决定商品价格，以价格为杠杆调节供求关系，使社会总供给和总需求达到总体平衡，生产要素的价格、生产要素的投向、产品消费、利润实现、利益分配主要依靠市场交换来完成。因此，市场价格决定程度直接反映了价格机制的完善程度和产品市场的发育程度。具体而言，此处共有三个指标——社会零售商品中价格由市场决定的部分占比、生产资料中价格由市场决定的部分占比、农产品中价格由市场决定的部分占比。由于相关指标近年来几乎没有变动，我们沿用樊纲指数中 2008 年的数据。

（2）商品市场上的地方保护。

商品市场上的地方保护是计划经济向市场经济过渡的产物，早在 1980 年 10 月，国务院就发布了《关于开展和保护社会主义竞争的暂行规定》，首次提出了反行政垄断和打破地方保护主义的任务。在现实经济运行中，商品市场上的地方保护表现形式多种多样，各地政府可能会通过对外来企业设置相关障碍达到保护本地企业的目的。应当说明，这一行为在短期内或许会促进地方经济的发展，改善投资环境，但从长期来看，无疑会降低资源配置效率，阻碍经济市场化进程。樊纲指数中这一指标的数据来源为企业调查，本报告引用了樊纲指数的数据，并采用平滑预测方法得到 2020 年的得分。

4. 金融业市场化程度

综合考虑数据可获得性、可靠度以及本报告的研究重点，我们将樊纲指数本部分的人力资源供应条件和技术成果市场化两个二级分项指标去掉，用金融业市场化竞争、信贷资金分配市场化这两项指标来衡量地区金融领域的市场化程度。

(1) 金融业市场化竞争。

在樊纲指数中，金融业市场化竞争指标用大型国有银行以外的其他金融机构（这里简称非国有金融机构，但实际上也包括较小的国有银行）存款在全部金融机构存款中所占份额来衡量金融业的竞争程度，因为非国有金融机构的比例越低，说明行业的集中度或垄断程度越高，市场竞争的程度越低。具体来说，我们采用以下公式作为金融业市场化竞争的代理指标：

$$\text{金融业市场化竞争}=1-\frac{\text{各地大型商业银行及政策性银行机构数(营业网点)}}{\text{金融机构总数(营业网点)}}$$

这一比例越高，意味着市场集中度越低，市场竞争程度越高。

(2) 信贷资金分配市场化。

尽管政府取消了对银行贷款规模的直接控制，但政府对银行贷款的窗口指导依然对信贷资金的分配具有很大的影响。市场因素在信贷资金分配中的作用可以反映金融业的市场化水平。在樊纲指数中，信贷资金分配市场化指标用信贷资金贷给非国有企业的比例衡量信贷资金分配市场化，这是因为长期以来信贷资金分配给国有企业的比例始终显著高于国有企业产出占全社会产出的比例，说明信贷资金的分配偏向于国有企业，而并非完全按市场竞争的原则进行分配。因此，非国有企业贷款比例的上升说明市场竞争机制在改善。金融机构贷款越集中于国有企业，意味着不公平竞争的情况越显著，市场化程度越低。我们以金融机构非国有贷款比重作为代理变量，基础数据根据樊纲指数相关指标平滑预测得到。

5. 市场中介组织的发展

市场中介组织是市场经济体制的有机组成部分。改革开放以来，随着我国从高度集中的计划经济体制向社会主义市场经济体制转变，各种市场中介组织开始出现，并随着我国经济体制改革的不断深化而逐渐发展壮大。市场中介组织的职能主要表现在以下方面：为政府职能转变提供条件、提高市场运行效率、节约交易成本、优化资源配置。因此，市场中介组织的发展是经济市场化发展

进程中非常重要的部分。借鉴樊纲指数，我们设置两个分项指数，分别为行业协会对企业的帮助程度和市场法制环境。

（1）行业协会对企业的帮助程度。

2019 年该指标数据源自对樊纲指数 2008—2016 年数据的平滑预测。

（2）市场法制环境。

樊纲指数以企业调查中各地企业对当地司法机关和行政机关公正执法和执法效率的评价来衡量这一指标，我们在此基础上预测得到 2019 年数据。

（二）地区金融发展政策支持程度

随着我国金融市场规模的扩大，我国金融业综合竞争力和影响力日益增强，但是我国金融业在组织体系、创新能力、行业规范等方面与发达国家相比仍然存在一定的差距。金融业的国际发展经验表明，地区金融业发展非常重要的一环就是地区政府足够重视。地区政府的政策支持可以促进地区资源聚集，发挥引进人才、引进资源的功能，有助于树立新理念、设计新制度、创造新环境。因此，如果政府机构意识到当前阶段下金融业在促进地方发展中的重要作用，并且付诸行动，出台一系列与金融相关或者有利于金融发展的政策，那么就可以认为该地区金融发展具有较为良好的政策环境。虽然我们从主观上无法准确判断各地政府规章制度中对金融业的重视程度并加以横向对比，但通过统计各地政府部门在过去五年关于金融业的发文数量（作为地区政府金融发展政策支持程度的代理变量）可以近似衡量；同时，我们认为“财富管理”可以作为具体反映财富管理方向的分项关键词，所以也将标题中含有该关键词的发文数量作为分项指标进行了统计。

具体而言，我们选择了三个指标：地方金融办、金融工作局、金融服务办公室等（如有）印发的金融类规章制度数；地方人民政府印发的标题关于金融业的规章制度数；地方政府机构印发的标题含有“财富管理”关键词的规章制度数。

1. 地方金融办、金融工作局、金融服务办公室等印发的金融类规章制度数

我们设置这一指标的出发点是：地方政府对发展金融业的重视程度可以由地方政府是否专门设置金融管理部门以及金融管理部门内工作管理的活跃程度来衡量。为了统一统计口径，我们均以北大法宝数据库搜索出的文章数作为地方规章制度数的统计基础。

2. 地方人民政府印发的标题关于金融业的规章制度数

考虑到有些地区可能没有专门设置类似金融工作局性质的管理机构，或者金融类规章制度均通过当地政府的渠道对外发布，我们通过统计地方人民政府印发的标题关于金融业的规章制度数作为代表地区金融发展政策支持程度的另一指标。

3. 地方政府机构印发的标题含有“财富管理”关键词的规章制度数

本报告的出发点之一就是反映地区财富管理发展状况，所以我们单独将这一金融业细分项筛选出来作为指标构建项。此处“财富管理”是指地方政府机构（包括地方人民政府、金融工作局、金融服务办公室等）印发的标题含有“财富管理”关键词的规章制度数。

以上第一个指标及第二个指标均可作为反映地区金融发展政策支持程度的宏观指标，而第三个指标则可作为反映地区政府在具体代表性金融领域发展政策支持程度的微观指标。为了避免数据统计上的主观性误判以及可能存在的信息遗漏，以上三个指标的基础数据均来自北大法宝的关键词搜索结果。虽然仅从发文数量来判断政府支持程度及关注度略显偏颇，但综合考虑数据的可获得性，此指标仍然具有一定的参考意义。

（三）地区金融规划重视程度

地区政府部门金融类法规发文数这一指标在衡量政策支持程度方面具有一定的模糊性，而且在一定程度上是现状性指标，难以反映出地区金融业的未来发展状况，而在目前社会经济改革日益提速

的背景下，仅仅了解当下已经出台的政策法规可能会有较大偏误。所以，我们选择各地金融“十三五”规划中相关关键词词频作为反映地区金融规划重视程度的代理指标，三个指标的关键词分别设置为“金融机构”、“金融人才”和“财富管理”。

1. 金融发展“十三五”规划中“金融机构”词频

即，统计地区金融业发展“十三五”规划中“金融机构”关键词出现的次数。我们认为，规划中关键词出现次数越多，在一定程度上意味着当地政府在未来五年内对关键词领域的支持力度会越大。

2. 金融发展“十三五”规划中“金融人才”词频

即，统计地区金融业发展“十三五”规划中关键词“金融人才”出现的次数。这样可以通过更为精确的方法得到地区未来吸引金融人才政策的力度。

3. 金融发展“十三五”规划中“财富管理”词频

即，统计各地区金融业发展“十三五”规划中关键词“财富管理”出现的次数。由于目前部分城市未发布金融业“十三五”规划，或者通过公开渠道还无法获取该规划，所以部分城市数据以经济发展“十三五”规划或者金融业发展“十二五”规划中的关键词词频加以替代。

(四) 地区财富管理需求状况

随着中国经济的快速发展，高净值人群不断增加。对于高净值人群来说，他们原来强烈渴望创造更多财富的需求，已经逐渐转变为既有财富的保值。地区财富管理需求指标的出发点是以各地经济、金融及社会发展状况为基础，提炼和构建能够综合反映各地财富管理需求的指标，其关键点有两个：一是地区财富管理市场规模的测算；二是地区居民对财富管理概念的认知状况的估计。以西南财经大学中国家庭金融调查数据库为基础进行回归分析，我们最终选定四个二级分项指标用于构建地区财富管理市场规模这一分项指标；同时依据课题组问卷调查结果，选定三个二级分项指标构建地

区居民对财富管理概念的认知状况这一分项指标。将两个一级分项指标最终合成地区财富管理需求状况方面指数。

1. 地区财富管理市场规模

该指标主要测算地区财富管理现有市场规模，立足于当下，反映市场状况，主要由四个二级分项指标构成。

（1）地区存款总额。

一方面，地区存款总额在一定程度上可以反映地区财富水平；另一方面，银行存款是最常见的理财方式。因此，地区存款总额与地区财富管理需求高度相关，一般来说，存款总额越大，家庭对财富管理的需求越强劲。

（2）地区股票交易额。

根据资产组合理论，家庭会根据其收益与风险等因素的不同，决定其资产持有形式，构建最适宜的资产组合。银行存款的利率相对来说较低，一般来说，家庭会持有一部分风险资产，以获得相对较高的资产期望收益率。因此，风险资产的交易额在很大程度上反映了地区的财富管理需求。由于缺少地区股票持有总额数据，我们以 2017 年地区股票交易额作为代理变量，刻画地区股票财富拥有量。地区股票交易额越大，财富管理需求越强劲。由于缺少市级数据，该指标以省级数据来代替。

（3）地区债券交易额。

同股票交易额类似，我们以各地区 2019 年债券交易额作为其债券财富的代理变量，地区债券交易额越大，财富管理需求越强劲。

（4）地区本科在读人口比例。

理论上讲，文化水平越高，家庭或个人对财富管理的认知越深入，对财富管理的需求也会越强劲。我们以各地区本科在读人口比例（省级数据）来衡量当地人口的普遍文化水平。

以家庭金融调查数据为基础回归计算得到各分项指标的权重，结合各地区分项指标数据综合得到地区财富管理市场规模方面指数，具体测算方法见权重计算部分。

2. 地区居民对财富管理的认知状况

该指标主要用于估计各地区居民的财富管理参与度及认知度。

立足于未来，我们认为地区居民对财富管理的认知越深入，其未来对业务的需求也越大。该指标主要由三个二级分项指标构成。

（1）财富管理参与度。

该指标由调查问卷中地区财富管理参与度人均得分得到。得分越低，说明当地居民曾经或现在办理财富管理业务的比例越低，对财富管理的参与度也越低。

（2）财富管理认知度。

该指标由调查问卷中地区财富管理认知度人均得分得到。得分越低，说明当地居民对财富管理的认知度越低，未来办理相关业务的可能性越小。

（3）财富管理计划度。

该指标根据调查问卷中财富管理计划度数据整理得到，人均得分越低，说明当地居民的财富管理计划越模糊。

（五）地区财富管理规模

该指标旨在衡量各城市现有财富管理规模，主要由 6 个分项指标构成。

1. 银行理财规模

由于目前公开数据缺少各地区的银行理财规模数据，所以我们以西南财经大学家庭金融调查数据中各地区户均银行理财规模为基础，对全国银行理财总规模进行分摊，计算公式为：

$$\text{地区银行理财规模}=\frac{\text{地区户均银行理财规模调查数据}}{\text{全国户均银行理财规模调查数据}}\times\frac{\text{地区户数}}{\text{全国户数}}\times\text{全国银行理财规模}$$

其中，地区和全国的户均银行理财规模调查数据根据《中国家庭金融调查（2015）》的数据整理得到，全国及各地区的户数和全国银行理财规模数据来源于 Wind 数据库。

2. 保险资管规模

现有的数据并没有直接统计各地区的保险资管规模，但是我国现有的保险理财产品主要分为万能险和投连险[①]，因此，可以通过统计各地区的万能险和投连险的总额作为当地的保险资管规模。

在 2010 年之前，万能险和投连险规模都直接被分别计入寿险类别下的万能险和投连险，算作保费收入。但是，万能险和投连险跟传统的保障性保险相比，更多地具有投资属性，其资金风险较高，因此，2010 年之后，保监会宣布对保险行业保费收入的统计实施新的会计准则，万能险和投连险归属于投资型保险，其没有通过风险测试的投资收入部分，将不再计入保费收入。其中，被计入投资收入部分的万能险将被列入"保户投资款新增交费"，而投连险则按独立账户进行新增交费统计。投连险和万能险设立的投资账户，除了可以做债券投资外，其投资股票二级市场的比例前者可以为 100%，后者不能超过 80%。投连险和万能险的利润来源为投资账户的投资收益。投连险的风险高于万能险，其中：投连险的投资收益与风险由保单持有人承担；而万能险的投资收益与风险由保险公司与客户共同承担，风险相对较小。万能险适合需求弹性较大，风险承受能力较低，希望以投资理财为主、以保险为辅的投保人；投连险则适合经济收入水平较高，希望以投资理财为主、以保险为辅，并追求资金高收益，同时又具有较高的风险承受能力的激进型投保人。

万能险和投连险的数据来源为 Wind 数据库中保险行业统计下的保户投资款新增缴费和投连险独立账户新增缴费。由于这个数据是按公司分类的，而按地区分类的万能险和投连险仅仅为通过风险测试的部分，占比较小，但是划入保费收入和划入投资账户的万能险和投连险的比例并无地区差异，因此可以通过下列公式计算 19 个目标地区具有理财性质的万能险和投连险规模，并将其作为当地的保险资管规模统计指标：

$$\begin{array}{c}\text{地区计入投资账户的}\\\text{万能险和投连险}\end{array}=\begin{array}{c}\text{全国计入投资账户的}\\\text{万能险和投连险}\end{array}\div\begin{array}{c}\text{全国计入保费收入的}\\\text{万能险和投连险}\end{array}\times\begin{array}{c}\text{地区计入保费收入的}\\\text{万能险和投连险}\end{array}$$

① 由于分红险的保险功能大于投资理财功能，所以不将分红险列为理财产品。

3. 公募基金管理规模

对于公募基金管理规模，将通过按注册地划分区域的方法进行统计。具体来说，是在 Wind 数据库中找到基金—专题统计—基金公司中的“基金公司规模变化”，通过按公募基金公司的注册地划分区域的方法，把同一地区的各个基金公司管理的基金净值总规模进行加总，然后就可以得出地区公募基金管理规模。

4. 私募基金管理规模

在中国证券投资基金协会出版的《中国证券投资基金业年报》中，我们可以看到 2014 年及 2016 年各省（自治区、直辖市）（不含港、澳、台）按注册地划分区域的私募基金管理规模。对于 4 个直辖市，我们可以直接找到其以注册地为基础统计的私募基金管理规模，但是，对于其他 15 个副省级城市，我们只能得到其所在省份的规模数据，对特定副省级城市的数据可以通过下式得到：

$$\begin{array}{c}\text{地区私募基金}\\\text{管理规模}\end{array}=\frac{\text{地区金融业 GDP}}{\text{所在省份金融业 GDP}}\times\begin{array}{c}\text{所在省份私募}\\\text{基金管理规模}\end{array}$$

在得到 2014 年及 2016 年的数据后，对于 2019 年的数据，我们假设地区私募基金管理的发展速度与全国的发展速度相同，由此可以计算出 2019 年地区私募基金管理规模。

5. 券商资管规模

对于各地区的券商资管规模，将通过按注册地划分区域的方法进行统计。具体来说，是在 Wind 数据库中找到券商资管大全中的“券商专项数据”里面的“受托资金”一栏，通过按券商的注册地划分区域的方法，把同一地区各个券商的受托资金数据进行加总，然后就可以得出地区券商资管规模。

6. 信托资产管理规模

信托资产管理规模的统计方法与券商资管规模类似，具体来说，是在 Wind 数据库中找到“信托公司规模”中的“规模合计”一栏，通过按各个信托公司的注册地划分区域的办法，把同一地区的各个信托公司的资产管理规模加总，就可以得出地区信托资产管理规模。

(六) 地区理财师数量

理财师，即理财规划师，是可以为客户提供全面理财规划的专业人士。简单来说，理财师要根据客户的收入状况、投资偏好和对风险的承受能力等多种因素为客户选择合适的理财产品、制订合理的理财计划。我国财富管理行业起步较晚，发展不够成熟。在以往以产品为导向、以佣金为目标的考核模式下，理财师事实上是理财产品的推销员，卖出尽可能多的理财产品是他们的唯一目标。随着我国经济的发展，人们积累的财富越来越多，投资理财意识不断加强，对投资理财的需求不断增加，对理财师专业性的要求也越来越高。投资者对高质量财富管理的内生需求反向推动着金融机构和理财师的服务质量提升。在这样的趋势下，越来越多的理财师认识到提升专业能力的重要性，开始努力实现从产品销售到职业理财师的转变。因此，我们可以认为，不同地区理财规划师的数量在一定程度上与其财富管理服务的质量和能力相关。地区理财师数量基数大，一方面有利于提高理财服务的供给质量，另一方面也会培育当地财富管理的未来需求，故该指标可以作为区域财富管理指数的重要补充。具体而言，我们选择 4 个分项指标构成该指标：AFP 持证人数、CFP 持证人数、EFP 持证人数和 CPB 持证人数。

二、数据描述

作为数据构建基础的 34 项指标是指数体系的基本数据来源。我们对加权调整前的基础指标数据加以描述，可以更为直观地展现各地区在不同方面的具体表现。

(一) 地区经济市场化程度

在地区经济市场化程度方面共有五个分项指标，作为数据来源的二级分项指标共有 11 个。其中反映政府与市场关系的有 3 个，反映非国有经济发展、产品市场发育程度、金融业市场化程度以及市

场中介组织发育程度的各有 2 个。

1. 政府与市场的关系

从政府与市场的关系分项指标的数据统计（见图 5－1）中我们可以看出，不同城市政府规模指标均低于 0.03，规模差别不大。政府分配经济资源的比重范围为 11.80％～25.21％，不同城市政府分配经济资源的比重具有一定的差异，其中天津、上海等城市政府分配经济资源的比重相对较大，广州、南京、成都等城市政府分配经济资源的比重相对较小。考虑到财政支出数额一般较大，上述政府分配经济资源的比重差异说明，在不同的城市，政府与市场的关系具有明显的差异。此外，不同城市政府对企业的干预也具有显著差别，可以看到，除北京外，一线城市及长三角经济圈的城市在“政府对企业的干预”指标上的得分相对较高，政府对企业的干预相对较少，市场经济较为宽松；东北及西部城市的得分相对较低，政府对企业的干预相对较大，市场经济环境需要改善；青岛、济南的得分在 7.7 分左右，在所有样本城市中处于中上游水平，与前两年相比有所提升，未来仍有一定改善空间。

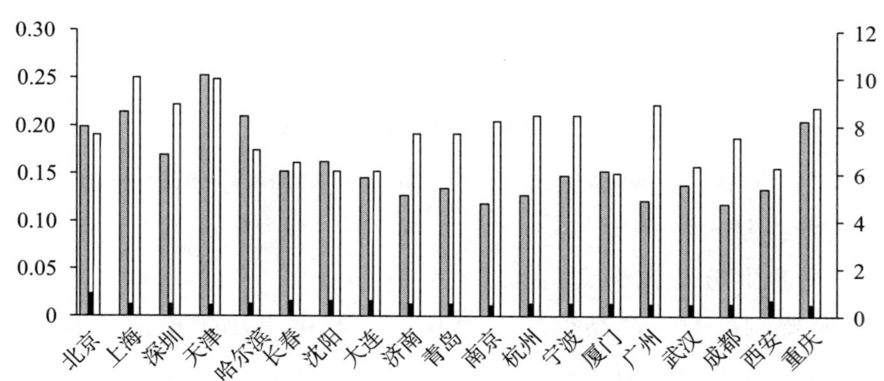

图 5－1　政府与市场关系指标数据

资料来源：Wind 数据库、樊纲指数及课题组整理。

2. 非国有经济的发展

分地区来看，非国有经济在工业企业销售收入中所占比例分项指标排在前六名的城市依次是南京、厦门、广州、深圳（与广州并

列第三）、青岛、济南（与青岛并列第五）。前六个城市非国有经济在工业企业销售收入中所占比例差异不大，均在 85%以上。非国有经济就业人数占比分项指标排在前面的五个城市依次是深圳、广州（与深圳并列第一）、上海、南京、重庆。长三角经济圈以及东南沿海城市在关于非国有经济发展的两个分项指标中均表现强势（见图 5-2）；青岛市非国有经济在工业企业销售收入中所占比例较高，但非国有经济就业人数占比偏低，整体表现略差于第一梯队；东北地区非国有经济发展仍相对落后。

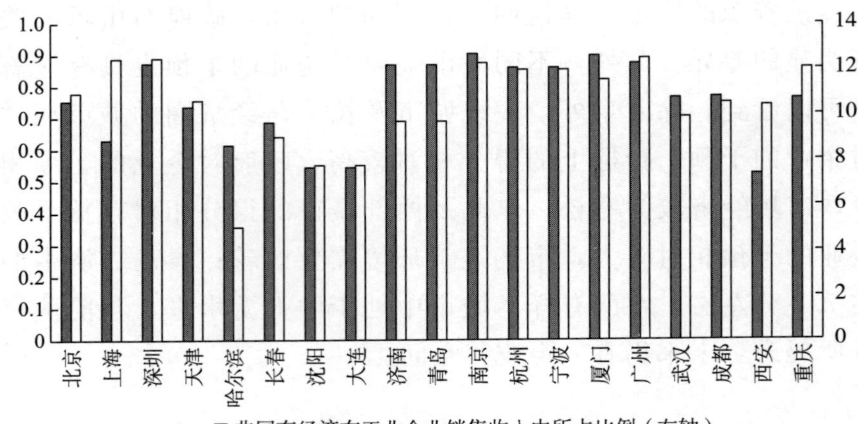

图 5-2 非国有经济发展指标数据

资料来源：Wind 数据库、樊纲指数及课题组整理，其中非国有经济就业人数占比的数据来源于樊纲指数，已转化为得分指数。

3. 产品市场发育程度

借鉴樊纲指数，产品市场发育程度主要由市场价格决定程度和商品市场上的地方保护两个基础指标构成。市场价格决定程度和商品市场上的地方保护指标得分越高，说明该地区市场化程度越高，产品市场发育越完善。具体来看，市场价格决定程度分项指标排在前面的五个城市依次是厦门、济南、青岛（与济南并列第二）、深圳、广州（与深圳并列第四）。商品市场上的地方保护分项指标排在前面的五个城市依次是深圳、广州（与深圳并列第一）、武汉、南京、厦门。长江经济圈城市商品市场上的地方保护指标得分虽然

较高，但是在市场价格决定程度指标上表现较差，综合来看，处于中游水平。北京整体表现较差，其市场化可能更容易受到政治等方面的影响。青岛在商品市场上的地方保护和市场价格决定程度两个分项指标上均表现良好，其中市场价格决定程度指标以 9.83 分与济南并列第二。因此，综合来看，青岛在产品市场发育程度指标上表现优异（见图 5－3）。

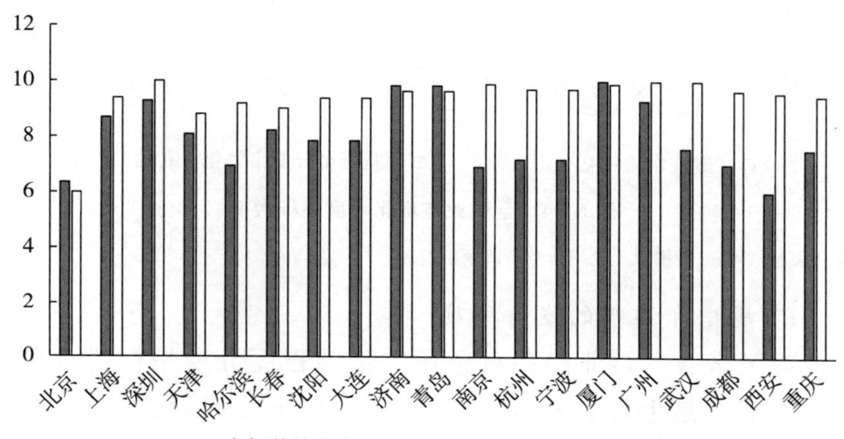

图 5－3　产品市场发育程度指标数据

资料来源：樊纲指数及课题组整理。

4. 金融业市场化程度

分地区来看，金融业市场化竞争分项指标排在前面的五个城市依次是成都、济南、青岛（与济南并列第二）、杭州、宁波（与杭州并列第四）。与 2018 年和 2019 年报告保持一致，信贷资金分配市场化分项指标排在前面的五个城市依次是杭州、宁波（与杭州并列第一）、南京、深圳、广州（与深圳并列第四）。整体来看，各城市在金融业市场化竞争方面表现较为接近，但在信贷资金分配市场化上有较大差距，其中长三角经济圈城市在信贷资金分配市场化指标上具有明显优势（见图 5－4）。西南部城市虽然金融业市场化竞争指标得分较高，但信贷资金分配市场化水平低，同样，北京也因信贷资金分配市场化指标得分较低受到影响。

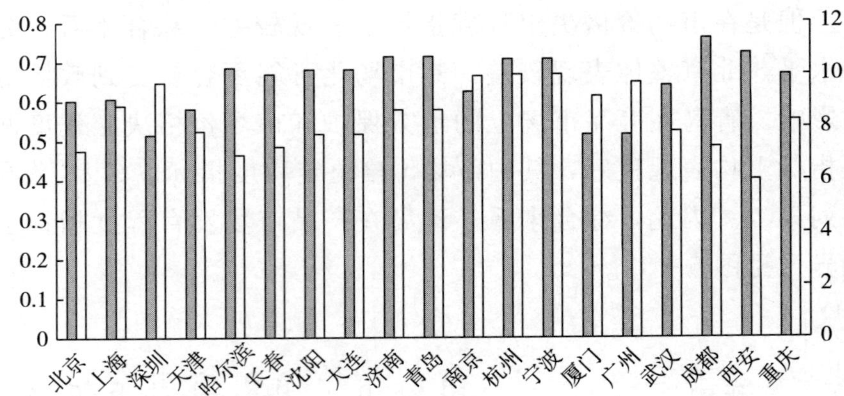

图 5-4　金融业市场化程度指标数据

资料来源：Wind 数据库、樊纲指数及课题组整理。

5. 市场中介组织的发育程度

分地区来看，行业协会对企业的帮助程度分项指标排在前面的五个城市依次是上海、杭州、宁波（与杭州并列第二）、广州、深圳（与广州并列第四）。市场法制环境分项指标排在前面的六个城市依次是上海、杭州、宁波（与杭州并列第二）、天津、深圳、广州（与深圳并列第五）（见图 5-5）。可见，杭州和宁波作为二线城市，市场中介组织发展较快，和一线城市形成了你追我赶的良好态

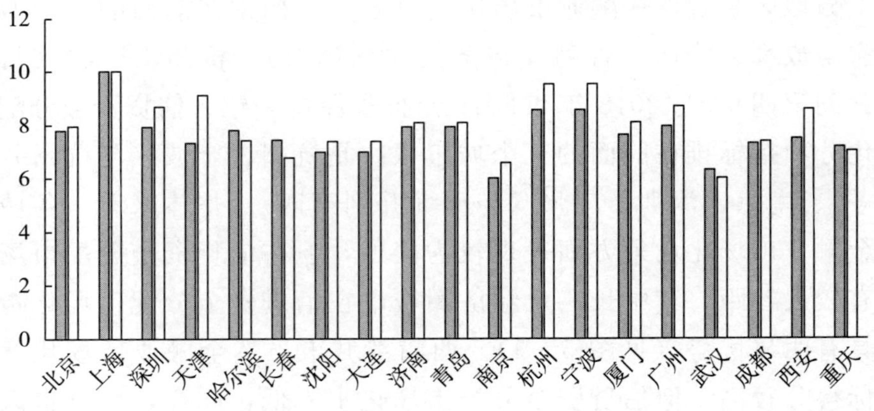

图 5-5　市场中介组织的发育程度指标数据

资料来源：樊纲指数及课题组整理。

势；青岛市"行业协会对企业的帮助程度"指标得分为 7.9 分，市场法制环境指标得分为 8.1 分，排名居中。整体来看，市场中介组织指标中，一线及长江经济圈城市有明显优势。东北及西部、西南部城市市场中介组织发展水平较为接近，整体与第一梯队城市有较大差距。

（二）地区金融发展政策支持程度

在地区金融发展政策支持程度方面共有三个分项指标。三个分项指标均直接作为计算基础，分别反映地方金融管理部门印发的金融类规章制度数、地方人民政府印发的标题关于金融业的规章制度数和地方政府机构印发的标题含有"财富管理"关键词的规章制度数。

具体来看，地方金融办、金融工作局、金融服务办公室等印发的金融类规章制度数排在前面的五个城市依次是青岛、上海、厦门、北京和宁波。青岛今年跃居第一，相对其他城市有明显优势，说明青岛开始更为注重当地金融市场的管理和发展。地方人民政府印发的标题关于金融业的规章制度数排在前面的五个城市依次是西安、宁波、上海、南京和厦门。值得注意的是，在所有样本城市中，只有青岛和杭州发布了标题含有"财富管理"关键词的金融文件。可见财富管理行业已经成为这两个城市建设的战略重点之一。东北部城市三个分项指标总体均相对落后，且与其余城市差距较大（见图 5-6）。

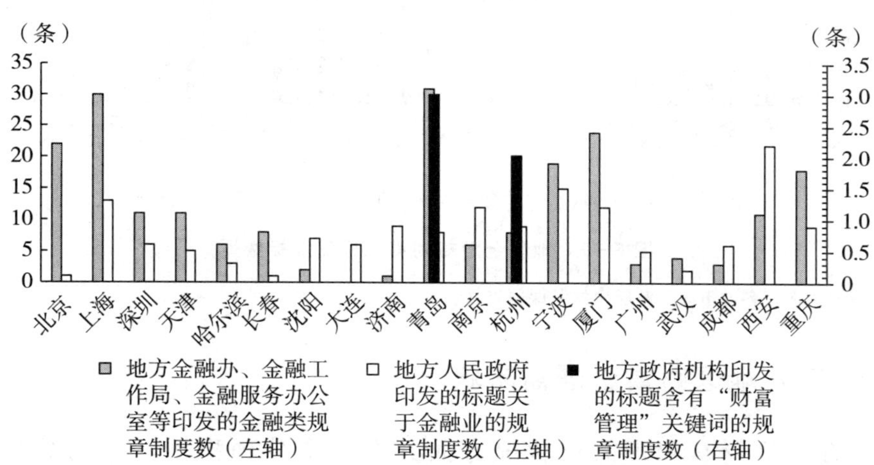

图 5-6　地区金融发展政策支持程度指标数据

资料来源：北大法宝数据库及课题组整理。

（三）地区金融规划重视程度

在地区金融规划重视程度方面共有三个分项指标。三个分项指标均直接作为计算基础，分别反映地方金融发展“十三五”规划中对金融机构、金融人才和财富管理的重视程度。

由图5－7可见，金融发展“十三五”规划中“金融机构”词频排名前五的城市依次是广州、重庆、深圳、宁波、北京。其中，广州和重庆的“金融机构”词频指标均在120左右，表明了当地政府坚决支持金融机构发展的决心。金融发展“十三五”规划中“金融人才”词频排名前五的城市依次是北京、深圳（与北京并列第一）、重庆、广州、南京（与广州并列第五），这在一定程度上表明了以上城市积极引进金融人才的发展策略。金融发展“十三五”规划中“财富管理”词频排名前五的城市依次是青岛、杭州、广州、宁波、成都。其中，青岛市金融发展“十三五”规划中“财富管理”词频指标超过100，遥遥领先于其他城市。

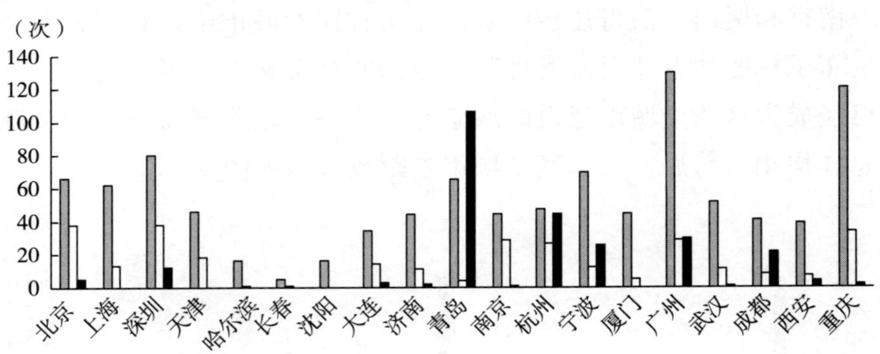

图5－7 地区金融规划重视程度指标数据

资料来源：各城市人民政府网站及课题组整理。

（四）地区财富管理需求状况

在地区财富管理需求状况方面共有两个分项指标，作为数据来源的二级分项指标一共有七个。其中反映地区财富管理市场规模的有四个，反映地区居民对财富管理的认知状况的有三个。

1. 地区财富管理市场规模

我们通过各地区存款总额、股票交易额、债券交易额以及本科在读人口比例来估算当地财富管理需求。分地区来看，地区存款总额分项指标排在前面的五个城市分别为北京、上海、深圳、广州、杭州。其中，北京、上海、广州、深圳存款总额占19个样本城市存款总额的47.5%，接近一半。可见，一线城市的存款总额远远多于其他城市。地区股票交易额分项指标排在前面的五个城市分别为上海、杭州、宁波、深圳和北京。地区债券交易额分项指标排在前面的五个城市分别为上海、北京、南京、成都和厦门。其中，上海的债券交易额为除北京、上海外其他17个城市债券交易总额的95.6%，北京的债券交易额为除北京、上海外其他17个城市债券交易总额的51.3%，可见，上海、北京相对于其他城市在债券交易额上具有明显优势。地区本科在读人口比例分项指标排在前面的六个城市分别为北京、天津、长春、西安、沈阳和大连（与沈阳并列第五）（见图5－8）。总体上看，经济较为发达的一线城市和长三角经济圈城市的财富管理需求较大，尤其是北京和上海，其需求规模远远大于其他城市。青岛市各项指标均不突出，市场需求表现相对落后。

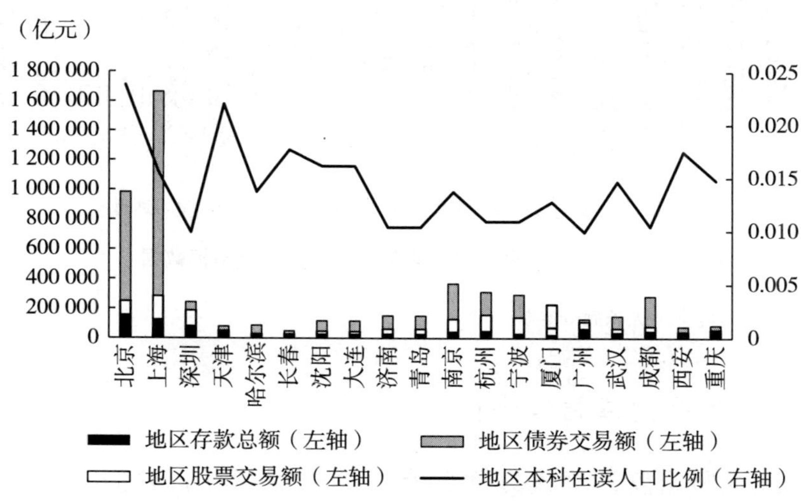

图5－8　地区财富管理市场规模指标数据

资料来源：Wind数据库及课题组整理。

2. 地区居民对财富管理的认知状况

地区居民对财富管理的认知状况指标主要指各地居民对财富管理的了解及认知程度。地区居民对财富管理的认知状况较好，在一定程度上意味着当地未来财富管理需求较大。

指标数据来自课题组的电话调查。财富管理参与度分项指标排名前五的城市分别为青岛、哈尔滨、广州、济南、武汉。各城市财富管理参与度差别并不明显，青岛在该指标上表现突出，位居第一。财富管理认知度分项指标排名前五的城市分别为北京、上海、大连、长春、厦门。其中，北京以绝对优势排在第一名，其他城市得分差异不大，青岛以 7.9 分位列第六名。财富管理计划度分项指标排名前五的城市分别为宁波、杭州、哈尔滨、厦门、长春。青岛的财富管理计划度指标以 8.9 分排名第九，处于中游水平，但由于其在财富管理参与度与财富管理认知度分项指标上表现突出（见图 5－9），因此整体来看，青岛在地区居民对财富管理的认知状况方面指标上仍然处于领先水平。

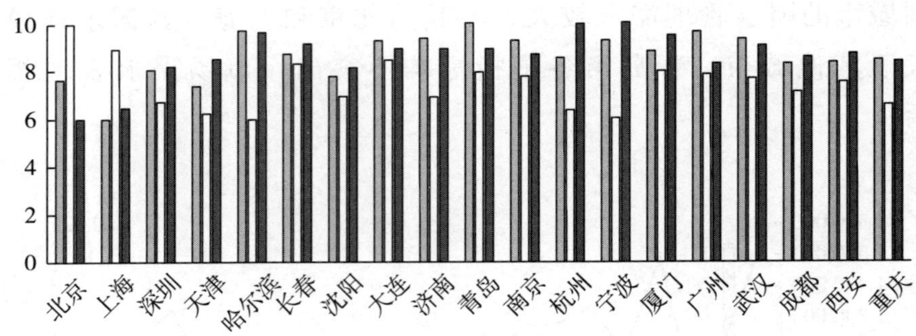

图 5－9　地区居民对财富管理的认知状况指标数据

资料来源：问卷调查及课题组整理。

（五）地区财富管理规模

在地区财富管理规模方面共有六个分项指标，它们均直接作为计算基础，分别反映地区银行理财规模、保险资管规模、公募基金管理规模、私募基金管理规模、券商资管规模及信托资管规模。

银行理财规模分项指标排名前五的城市依次是南京、宁波、杭州、深圳和广州。其中，南京、宁波相对于其他城市优势明显。保险资管规模分项指标排名前五的城市依次是成都、重庆、北京、上海、杭州。保险资管规模总体相对较小，因此各城市的差异并不大。公募基金管理规模分项指标排名前五的城市依次是上海、深圳、北京、天津、南京。其中，前四个城市公募基金管理规模远远领先于其他城市，优势明显。私募基金管理规模分项指标排名前五的城市依次是北京、上海、深圳、天津、广州。券商资管规模分项指标排名前五的城市依次是上海、深圳、北京、南京、广州。其中，上海和深圳的券商资管规模遥遥领先。信托资管规模分项指标排名前五的城市依次是北京、武汉、上海、西安、青岛（见图5－10）。北京以绝对优势排名第一，青岛在该指标上表现优异，排名第五。整体来看，北京、上海、广州三个一线城市的财富管理规模遥遥领先于其他城市，表明目前我国财富管理市场仍然较为集中。长三角经济圈城市在银行理财规模方面优势较大。青岛虽然有一定的信托资管规模和银行理财规模，但财富管理总规模与一线城市的差距仍较大。

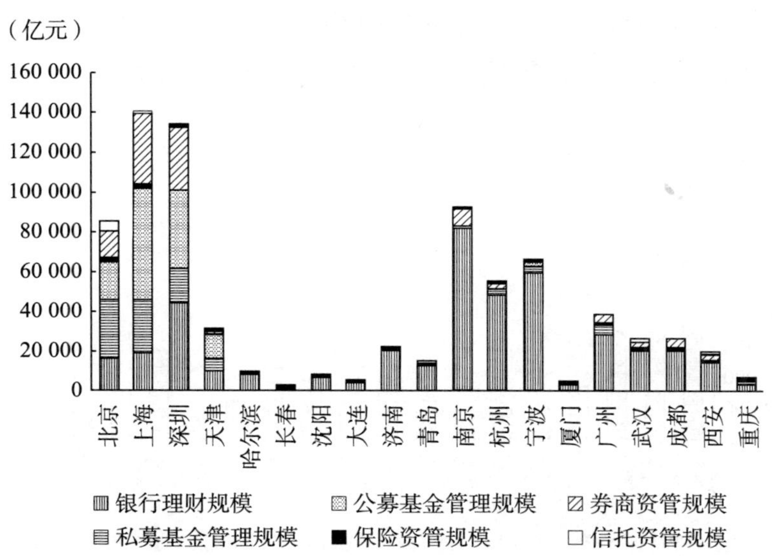

图5－10　地区财富管理规模指标数据

资料来源：Wind数据库及课题组整理。

（六）地区理财师数量

在地区理财师数量方面共有四个分项指标，分别为地区 AFP 持证人数、CFP 持证人数、EFP 持证人数和 CPB 持证人数，它们均直接作为计算基础。

分地区来看，AFP 持证人数分项指标排名前五的城市依次是北京、上海、深圳、广州、杭州。北京 AFP 持证人数为 16 922 人，遥遥领先于其他城市，排名第一。上海 AFP 持证人数为 8 674 人，排名第二。CFP 持证人数分项指标排名前五的城市依次是北京、上海、深圳、广州、杭州。与 AFP 持证人数一样，北京以明显优势排名第一。EFP 持证人数排名前五的城市依次是北京、广州、上海、南京、重庆。与前面两个分项指标一样，北京、上海仍稳居前三，而重庆、南京在该指标上表现良好，跻身前五。CPB 持证人数排名前五的城市依次是北京、上海、深圳、南京、杭州（见图 5－11）。整体来看，一线城市在四种金融理财师持证人数上有着绝对优势，其余城市之间差距不明显。青岛市 AFP 持证人数和 CPB 持证人数相对来说还不够多，但是 CFP 持证人数和 EFP 持证人数指标表现良好。整体来看，青岛市的地区理财师数量方面指数处于中等水平，预计未来随着当地政府相关支持政策的出台，当地理财师数量将会有较快增长。

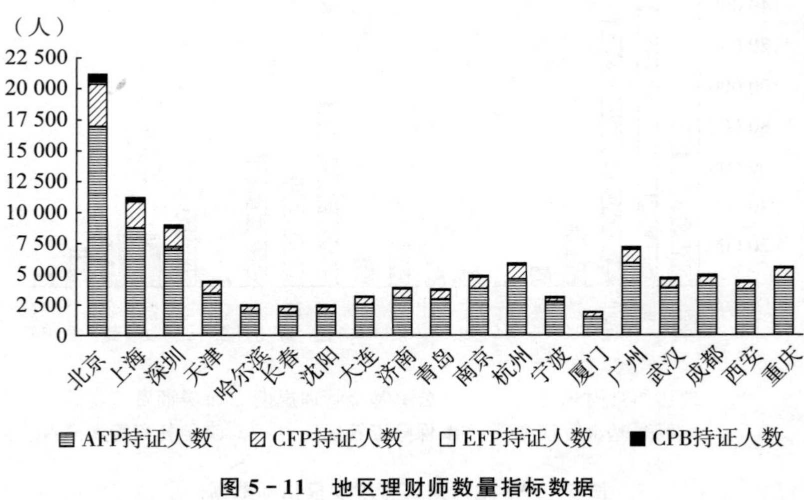

图 5－11　地区理财师数量指标数据

资料来源：https://www.fpsbchina.cn/chinaCertificate.html.

三、指标权重及计算方法

在确定指数构成及数据选取的基础上，本部分介绍各项指数的计算方法、计算公式以及由基础数据计算分项指数并整合到总指数的权重确定方法。在此计算方法的基础上，可以根据实际情况更改指标选取及数据来源，计算得到新的指标，方便对指数的不断更新和维护，提高其科学性、准确性和实用性。

（一）单项指数的标准化计算及得分公式

在本报告中，构成财富管理指数的最底层指数是作为计算基础的二级分项指数及部分分项指数，我们称之为基础指数。基础指数的原始数据来自 Wind 数据库、《中国分省份市场化报告指数（2018）》、北大法宝数据库及问卷调查。由于不同基础指标之间的计量基础不同，无法直接进行整合对比，所以我们首先对实用的基础数据进行标准化，用一套统一的方法将其转化成具有可比性的指数。

为了使报告指数在时间上具备可延续性，方便样本地区的纵向对比，我们将基期年份定为 2016 年。对于定量指标，我们将基期指标最大值和最小值分别标准化为 10 和 6，即样本地区在该指标上的最高得分为 10，最低得分为 6。之后根据各个地区当期该基础指标的具体数值确定其最终得分。在得到基础指标最终得分后，通过对不同指标简单加权得到方面指数（需求测算除外），最后根据方面指数按照一定权重或提取公因子方法得到最终综合指数（具体方法选择可以通过效果对比及实际情况确定）。在此计算方法下，各地基础指标在经过跨年变化之后很可能超过 10 或小于 6，故在此基础上得到的综合指数也可能在 6～10 的范围之外，但其数值大小仍然可以代表相应指标水平的高低。

(二) 指数计算方法

1. 基础指数计算方法

指数构建的基本出发点是衡量各地金融尤其是财富管理方面的发展状况，所以我们在理论上将指数的高低与发展状况的优劣建立正相关关系，指数得分越高，则该指数所指向的内容发展水平越高。以 X 地区指标 i 的计算为例，其具体计算公式为：

$$Index_i^X = \frac{V_i^X - V_i^{\min}}{V_i^{\max} - V_i^{\min}} \times 4 + 6 \tag{5-1}$$

式中，$Index_i^X$ 为地区 X 在指标 i 上的得分；V_i^X 为地区 X 在指标 i 上的原始数据；$V_i^{\min}$ 为样本地区在指标 i 上最小的原始数据；$V_i^{\max}$ 为样本地区在指标 i 上最大的原始数据。

通过这一标准化处理，基准年份（2016）所有基础指标均可转化为 6～10 范围内的数值，而且指标得分越高，说明对应的金融环境越好。为了使数据具备延展性，我们将计算方法拓展至基准年份。虽然本报告中最终指数仅为 2016 年的情况，但若未来指数计划定期发布，则可利用以下计算方法加以拓展：

$$Index_i^{X_t} = \frac{V_i^{X_t} - V_i^{\min(0)}}{V_i^{\max(0)} - V_i^{\min(0)}} \times 4 + 6 \tag{5-2}$$

式中，$Index_i^{X_t}$ 为 X 地区在 t 年指标 i 的得分；$V_i^{X_t}$ 为 X 地区在 t 年指标 i 的原始数据；$V_i^{\max(0)}$ 和 $V_i^{\min(0)}$ 分别为样本地区在基期指标 i 上最大的和最小的原始数据。

2. 由分项指数合成方面指数及综合指数

本报告采用简单加权法将多个基础指标转化成方面指数及综合指数：对于 19 个样本城市，我们都能够得到 34 个基础指标。由基础指标汇总到方面指标，再由方面指标得到综合指标时，可以为各指标设置权重后直接加总。本报告直接采用算数平均法。

(三) 财富管理需求的测算方法

随着社会经济的发展，无论是企业还是家庭，其财富规模都会出现较快增长，与财富规模增长相伴的是其对财富管理需求的增加。作为财富管理整个行业发展的原动力，需求规模理应作为衡量地区财富管理发展状况的重要一环，然而，由于我国整个财富管理行业仍处于初步探索发展阶段，学界目前缺乏对财富管理需求进行测算和衡量的指标方法。基于此，我们有必要构建一套对各地财富管理需求进行测算的指标体系，以丰富和完善整套财富管理指数系统。同其他方面指标的计算方法不同，由于财富管理需求指标缺少基础数据，所以采用简单加权与因子回归加权结合的方法加以测算。

1. 指标构建思路

地区财富管理需求状况指标的出发点是以各地经济、金融及社会发展状况为基础，构建综合反映各地财富管理需求状况的指标。而市场需求既与各地财富管理市场现状相关，又在很大程度上取决于当地居民的认知水平，即未来潜在的发展空间。因此，构建这项指标的关键点有两个：一是估计各地区财富管理需求状况；二是科学测算地区居民对财富管理的认知状况。

2. 地区财富管理市场规模指标测算

考虑到数据的可得性以及各地区的横向可比性，首先，我们结合现有公开权威数据科学地选择权重测算指标，通过回归拟合得到统一权重；其次，选择反映各地状况的代理指标，赋予其不同权重并代入指标公式，得到财富管理市场规模测算数；最后，对各地区财富管理市场规模测算数进行标准化，即将最大值设为 10，将最小值设为 6，得到地区财富管理市场规模指数（见图 5－12）。

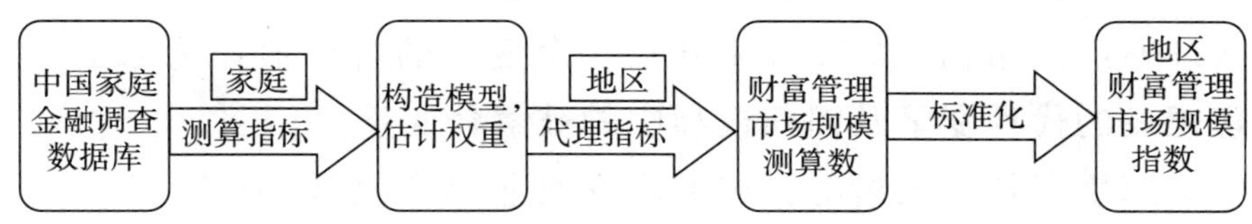

图 5－12　地区财富管理市场规模指数测算流程

（1）数据来源。

我们以西南财经大学 2015 年中国家庭金融调查数据库为基础，选择回归方程变量。该数据库有 37 000 多个符合分析要求的有效样本，而且基本涵盖了家庭经济生活的主要方面，因而可以保证回归

权重的科学性和准确性。

（2）测算指标选取。

综合考虑数据的可计量性和相关性后，我们选取家庭 4 个方面共 12 项指标（见表 5－1）作为权重计算模型的基础数据来源，具体介绍如下（括号内含数字的为问卷数据编号）：

表 5－1　财富管理市场需求回归指标汇总

一级方面指标	二级测算指标	区域代理指标
家庭财富管理规模	家庭持有基金市值	待测算
	家庭持有银行理财产品市值	
	家庭持有其他金融理财产品市值	
家庭生产及收入情况	家庭农业年产值	—
	家庭工商业年收入	
家庭资产状况	家庭活期存款余额	存款余额
	家庭定期存款余额	
	家庭股票账户余额	股票交易额
	家庭持有债券总市值	债券交易额
	家庭持有金融衍生工具总市值	—
家庭人口学状况	家庭男性人口比例	—
	家庭本科及以上学历人口比例	本科在读人口比例

说明：“—”表示无区域代理指标，即直接采用二级测算指标。

家庭财富管理规模（*wealth*）：选取家庭持有基金市值（D5107_imp）、家庭持有银行理财产品市值（D7106a_imp）和家庭持有其他金融理财产品市值（D7110_imp）三个变量的合计值作为家庭财富管理规模的代理变量及回归模型中的被解释变量。

家庭生产及收入情况：选取家庭农业年产值（*agri*）（B1004h_imp）和家庭工商业年收入（*indcomm*）（B2022_imp）作为反映家庭生产及收入方面的代理指标，样本中两个变量均可量化，所以均作为解释变量进行权重估计。

家庭资产状况：选取家庭活期存款余额（*currdepo*）（D1105_imp）、家庭定期存款余额（*fixdepo*）（D2104_imp）、家庭股票账户

余额（*stock*）(D3103_imp)、家庭持有债券总市值（*bond*）（D4103）及家庭持有金融衍生工具总市值（*finderi*）（6100a_imp）五个变量作为反映家庭资产状况的代理变量。五个变量均可量化，直接作为解释变量置于模型中。

家庭人口学状况：选取家庭男性人口比例（*maler*）（A2003）和家庭本科及以上学历人口比例（*schr*）（A2013）作为家庭人口学状况的代理变量，两个变量根据数据库中相关基础数据经简单计算得到，故可量化，直接作为解释变量进行权重估计。

以上共选择 12 个基础指标，共构建 10 个模型变量，其中被解释变量 1 个，解释变量 9 个，所有变量均为数值型，可准确计量，符合 OLS 模型估计的数据要求。

（3）模型构建。

利用以上所选变量，构建如下模型：

$$\begin{aligned} wealth = & c + \beta_1 agri + \beta_2 indcomm + \beta_3 currdepo \\ & + \beta_4 fixdepo + \beta_5 stock + \beta_6 bond + \beta_7 finderi \\ & + \beta_8 maler + \beta_9 schr \end{aligned} \tag{5-3}$$

式中，系数 β 即为变量权重，表示相应解释变量增加 1 单位对家庭财富管理规模的影响值。考虑到部分地区仅有存款合计额数值，为了增强可比性，将活期存款余额和定期存款余额合计值作为存款余额（*depo*）代理变量构建如下模型：

$$\begin{aligned} wealth = & c + \beta_1 agri + \beta_2 indcomm + \beta_3 depo + \beta_4 stock \\ & + \beta_5 bond + \beta_6 finderi + \beta_7 maler + \beta_8 schr \end{aligned} \tag{5-4}$$

用 OLS 进行估计即可得到相应权重 β 。

（4）模型估计结果。

利用中国家庭金融调查的数据对以上模型（5 - 3）和模型（5 - 4）加以估计，估计结果如表 5 - 2 所示：

表 5-2 模型估计结果

变量	模型 (5-3) *wealth*	模型 (5-4) *wealth*
agri	−0.000 752 1 (−0.45)	−0.000 771 5 (0.46)
indcomm	−0.000 126 (−0.12)	0.000 124 2 (0.12)
currdepo	0.014 502 1*** (15.05)	
fixdepo	−0.052 688 4*** (13.86)	
stock	0.110 872 1*** (23.05)	0.114 079 5*** (23.75)
bond	0.503 927 8*** (15.01)	0.514 808 6*** (15.33)
finderi	0.251 151*** (8.41)	0.257 614 8*** (8.62)
maler	−1 271.47 (−0.48)	−1 209.66 (−0.46)
schr	33 651.894*** (15.93)	34 261.56*** (16.21)
depo		0.017 744 7*** (19.68)
_cons	3 165.894** (2.1)	3 545.766** (2.35)
N	37 289	37 289

说明：***、** 分别代表在 1%、5%的水平下显著。

从以上结果可知，除家庭生产及收入情况、家庭男性人口比例外，其余变量对家庭财富管理规模的影响均显著，而且改变存款变量设置后拟合结果并未出现显著差异，说明估计权重较为稳健。回归结果显著的变量权重基本上为正值，这一点也符合预期。

3. 地区居民对财富管理的认知状况指标测算

为保证对地区财富管理需求状况测算的科学性和准确性，课题组立足于问卷调查结果，对各地区居民财富管理认知度加以评估，以从潜在需求的角度对市场需求指标加以补充和修正。财富管理认知度分项指标主要包含三个二级分项指标，分别反映当地居民在财富管理参与度、财富管理认知度和财富管理计划度三个方面的信

息。通过对二级分项指标的简单加权汇总得到财富管理认知度分项指标。

将利用因子回归法得到的财富管理市场规模指标与地区居民对财富管理的认知状况指标通过简单加权法汇总，得到地区财富管理需求状况方面指数。

四、数据来源

在确定所选指标后，我们尽可能综合保证相应数据的可获得性及可靠性，所有数据均来自公开权威数据库。表 5－3 列出了目前指数计算中所使用的各项指标及其数据来源。

表 5－3　财富管理指标构成一览

指标名称	指标类别	数据来源
财富管理总指数	总指数	—
（一）地区经济市场化程度	方面指数	—
1. 政府与市场的关系	分项指数	—
（1）市场分配经济资源的比重	二级分项指数	Wind 数据库
（2）政府对企业的干预	二级分项指数	樊纲指数
（3）政府规模	二级分项指数	Wind 数据库
2. 非国有经济的发展	分项指数	—
（1）非国有经济在工业企业销售收入中所占比例	二级分项指数	Wind 数据库
（2）非国有经济就业人数占比	二级分项指数	樊纲指数
3. 产品市场发育程度	分项指数	—
（1）市场价格决定程度	二级分项指数	樊纲指数
（2）商品市场上的地方保护	二级分项指数	樊纲指数
4. 金融业市场化程度	分项指数	—
（1）金融业市场化竞争	二级分项指数	Wind 数据库
（2）信贷资金分配市场化	二级分项指数	樊纲指数
5. 市场中介组织的发展	分项指数	—
（1）行业协会对企业的帮助程度	二级分项指数	樊纲指数

续表

指标名称	指标类别	数据来源
（2）市场法制环境	二级分项指数	樊纲指数
（二）地区金融发展政策支持程度	方面指数	—
1. 地方金融办、金融工作局、金融服务办公室等印发的金融类规章制度数	分项指数	北大法宝数据库
2. 地方人民政府印发的标题关于金融业的规章制度数	分项指数	北大法宝数据库
3. 地方政府机构印发的标题含有“财富管理”关键词的规章制度数	分项指数	北大法宝数据库
（三）地区金融规划重视程度	方面指数	—
1. 金融发展“十三五”规划中“金融机构”词频	分项指数	各地区人民政府网站
2. 金融发展“十三五”规划中“金融人才”词频	分项指数	各地区人民政府网站
3. 金融发展“十三五”规划中“财富管理”词频	分项指数	各地区人民政府网站
（四）地区财富管理需求状况	方面指数	—
1. 地区财富管理市场规模	分项指数	—
（1）地区存款总额	二级分项指数	Wind 数据库
（2）地区股票交易额	二级分项指数	Wind 数据库
（3）地区债券交易额	二级分项指数	Wind 数据库
（4）地区本科在读人口比例	二级分项指数	Wind 数据库
2. 地区居民对财富管理的认知状况	分项指数	—
（1）财富管理参与度	二级分项指数	调查问卷
（2）财富管理认知度	二级分项指数	调查问卷
（3）财富管理计划度	二级分项指数	调查问卷
（五）地区财富管理规模	方面指数	—
1. 银行理财规模	分项指数	中国家庭金融调查、Wind 数据库
2. 保险资管规模	分项指数	Wind 数据库
3. 公募基金管理规模	分项指数	Wind 数据库
4. 私募基金管理规模	分项指数	Wind 数据库
5. 券商资管规模	分项指数	Wind 数据库

续表

指标名称	指标类别	数据来源
6. 信托资管规模	分项指数	Wind 数据库
（六）地区理财师数量	方面指数	—
1. AFP 持证人数	分项指数	FPSB China
2. CFP 持证人数	分项指数	FPSB China
3. EFP 持证人数	分项指数	FPSB China
4. CPB 持证人数	分项指数	FPSB China

说明：上表列示的是基础指数的数据来源，分项指数及方面指数由基础指数简单加权得到。

从表 5－3 中我们可以看到，我们所设置的财富管理指数共包括 6 个方面指数、21 个分项指数和 18 个二级分项指数，作为计算依据的基础指数共 34 项。数据来源可靠且广泛，保证了所构建的指数的准确性及稳健性。

五、结果展示

按照以上数据计算方法，我们将各地区方面指数以及总指数计算结果列在表 5－4 中。

表 5－4　各城市指数排名

城市	财富管理总指数	地区经济市场化程度	地区金融发展政策支持程度	地区金融规划重视程度	地区财富管理需求状况	地区财富管理规模	地区理财师数量
北京	1	13	9	5	1	2	1
上海	2	7	2	10	5	1	2
青岛	3	5	1	4	4	14	13
深圳	4	6	10	3	15	3	3
杭州	5	1	4	6	11	10	5
广州	6	3	16	1	9	6	4
宁波	7	2	6	7	10	9	15
南京	8	9	8	8	2	4	8
重庆	9	11	7	2	17	5	6
厦门	10	8	5	16	6	19	19
济南	11	4	12	14	13	15	12
西安	12	15	3	15	14	13	10

续表

城市	财富管理总指数	地区经济市场化程度	地区金融发展政策支持程度	地区金融规划重视程度	地区财富管理需求状况	地区财富管理规模	地区理财师数量
武汉	13	17	19	12	7	7	8
成都	14	10	14	11	16	11	7
大连	15	16	18	13	3	17	14
天津	16	12	11	9	18	8	11
长春	17	14	17	19	8	18	17
哈尔滨	18	19	15	17	12	12	16
沈阳	19	18	13	18	19	16	18

说明：后续图表中数据标签统一保留两位小数，但排名时按真实值排序。

（一）财富管理总指数

加权汇总后的财富管理总指数可以从宏观上综合反映各城市财富管理行业的发展状况，因而提供了各地区的横向对比信息（见图5－13）。该指数排前六名的城市分别为北京、上海、青岛、深圳、杭州和广州，其中青岛以9.20分位列第三，相比2019年提升一位，与北京、上海这两个一线城市一起位居财富管理总指数的前三名。总体来看，我国一线城市财富管理行业发展优势明显，这可能受益于当地较为完备的金融市场环境。青岛市作为二线城市，其对财富管理行业发展的重视度更高，随着地区金融环境的成熟，预计未来其财富管理行业仍将保持良好的发展态势。

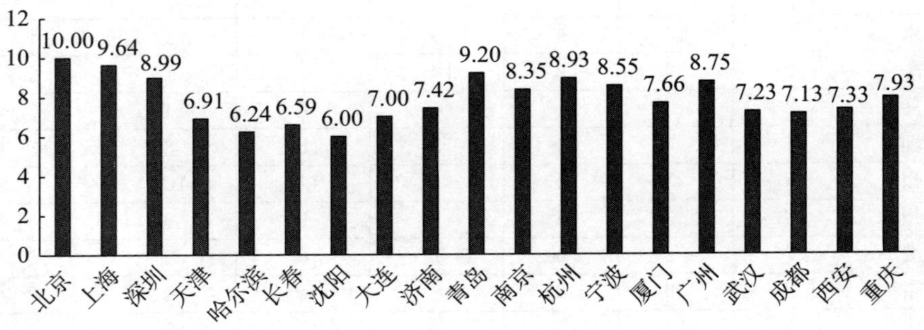

图5－13　财富管理总指数

说明：图5－13至图5－60所列示的是各指数结果，其中黑色柱形图为财富管理总指数图，深灰色柱形图为一级指数（方面指数）图、浅灰色柱形图为二级指数（分项指数）图、白色柱形图为三级指数（二级分项指数，即基础指数）图。

长三角经济圈城市（南京、杭州、宁波）的得分均在8.00分以上；西南重镇重庆的综合得分为7.93分，在西部城市中表现突出。东北和西部城市的平均得分较低，大多为6.00～7.00分，可能是因为受到当地经济转型发展的影响。整体来看，财富管理总指数与城市经济发展及开放程度有较大相关性，经济较为发达的一线城市、长三角经济圈城市以及东南沿海城市的得分普遍较高；青岛作为二线城市表现突出，综合得分与一线城市相当，行业发展动力强劲，这可能是因为青岛将财富管理作为其发展战略之一。

（二）地区经济市场化程度

地区经济市场化程度方面指数主要反映各城市经济环境状况，是财富管理行业发展的重要基础。该方面指数得分排名前五的城市分别为杭州、宁波、广州、济南、青岛，五者得分均超过9.0分。长三角经济圈城市及东南沿海城市在地区经济市场化程度上表现突出，而作为一线城市的北京由于政府机构较为集中，其经济市场化水平受到较大影响，得分仅为7.28分；东北及西部城市整体上处于下游水平；青岛的得分为9.20分，位列第五名，与2019年的排名持平。青岛的经济市场化程度保持了较高的水平，财富管理行业发展环境较好（见图5-14）。

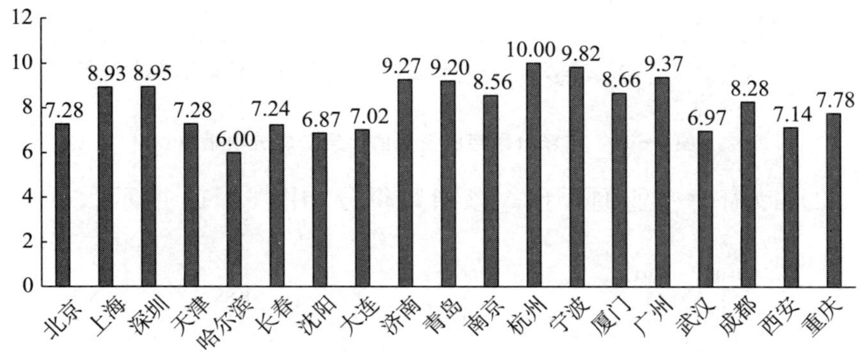

图5-14 地区经济市场化程度方面指数

说明：由于缺少市级数据，本部分采用省级数据替代。

1. 政府与市场的关系

政府与市场的关系分项指数衡量政府和市场在推动经济发展中

的相对强弱，在一定程度上可以反映经济环境的自由度，主要包含市场分配经济资源的比重、政府对企业的干预以及政府规模三个二级分项指数。

该指数得分排名前五的城市分别为广州、北京、杭州、宁波、南京，五者城市得分均在9.0分以上，相互间差距较小。一线城市中上海的得分较低，大部分西部及东北城市的得分处于中下游水平（见图5-15)。

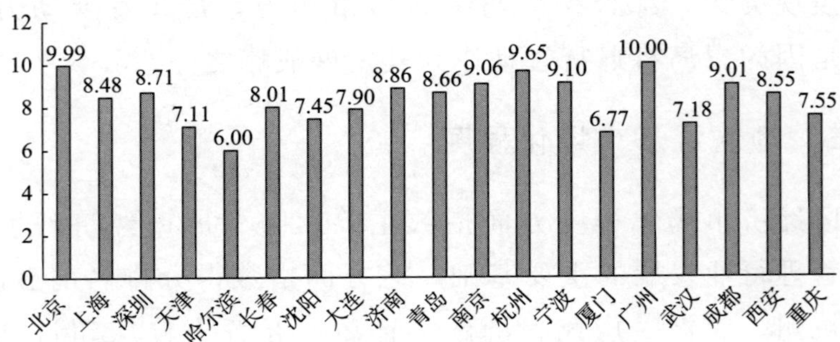

图5-15　政府与市场的关系分项指数

(1) 市场分配经济资源的比重。该指数得分如图5-16所示。

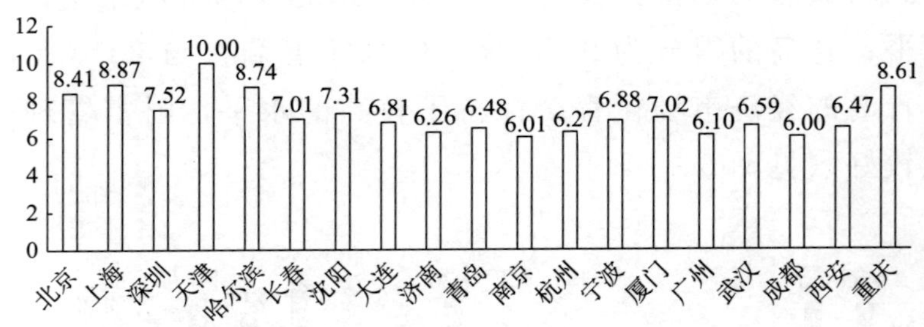

图5-16　市场分配经济资源的比重二级分项指数

(2) 政府对企业的干预。该指数得分如图5-17所示。

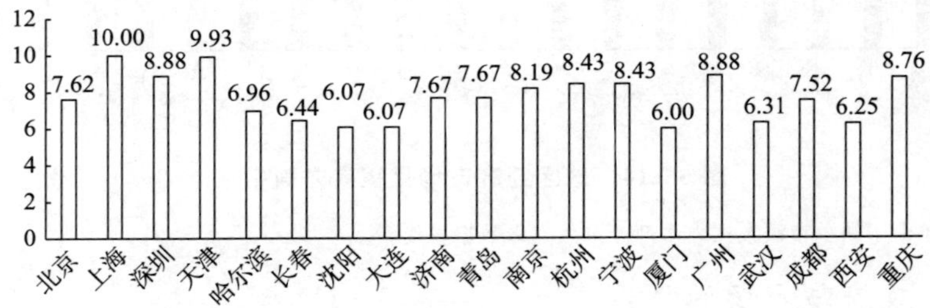

图5-17　政府对企业的干预二级分项指数

（3）政府规模。该指数得分如图5－18所示。

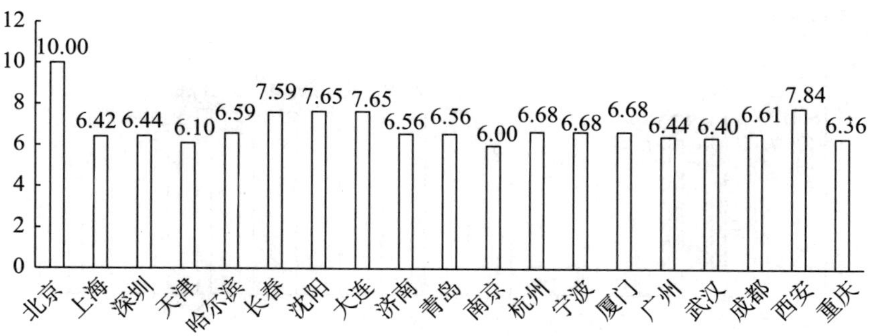

图5－18　政府规模二级分项指数

2. 非国有经济的发展

非国有经济的发展分项指数主要衡量各地区非国有经济发展状况，主要由非国有经济在工业企业销售收入中所占比例及非国有经济就业人数占比两个指标构成。非国有经济的发展分项指数得分更高意味着当地经济环境更为活跃。

该指数排名前五的城市分别为南京、深圳、广州（与深圳并列第二）、厦门、杭州，长三角经济圈和东南沿海城市的非国有经济发展明显更为成熟。青岛以8.99分与济南并列第八名，与2019年相比没有明显变化；一线城市中北京、上海得分较低，说明当地非国有经济建设成果还不够显著；西南重镇重庆虽然地处内陆，但得分高达9.08，作为二线城市，其非国有经济发展强劲（见图5－19）。

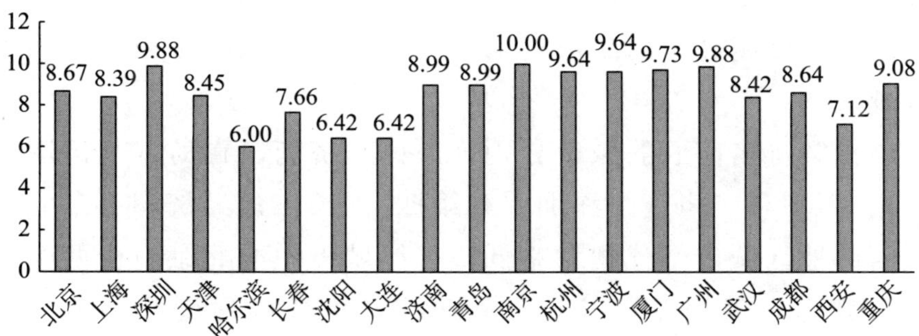

图5－19　非国有经济发展分项指数

(1) 非国有经济在工业企业销售收入中所占比例。该指数得分如图 5－20 所示。

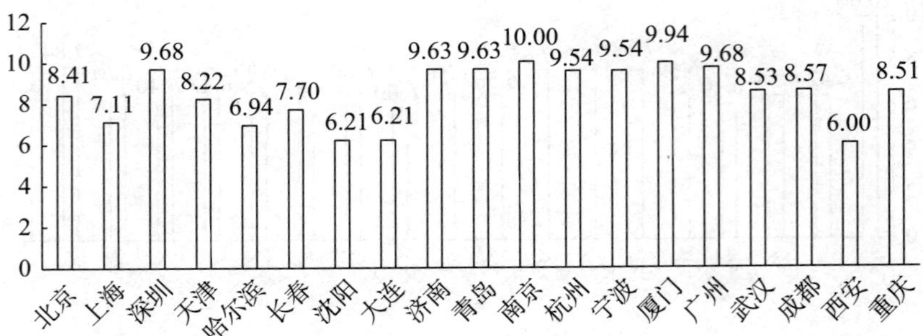

图 5－20 非国有经济在工业企业销售收入中所占比例二级分项指数

(2) 非国有经济就业人数占比。该指数得分如图 5－21 所示。

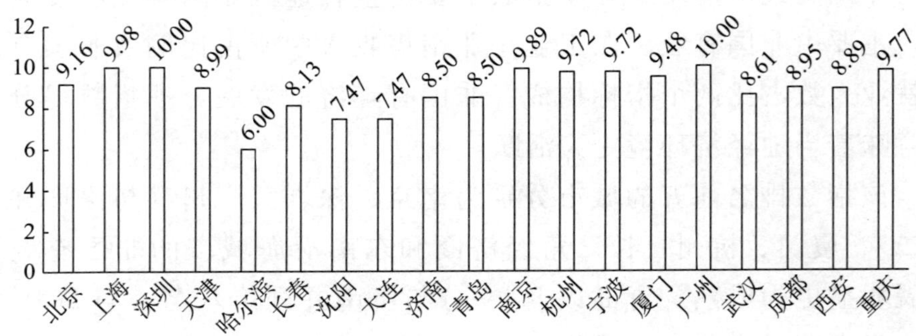

图 5－21 非国有经济就业人数占比二级分项指数

3. *产品市场发育程度*

借鉴樊纲指数，本报告中的产品市场发育程度分项指数主要包括市场价格决定程度和商品市场上的地方保护两个分项指数。市场价格决定程度越高、商品市场地方保护越弱，意味着当地产品市场发育越成熟。

该指数排名前五的城市分别为厦门、济南、青岛（与济南并列第二）、深圳和广州（与深圳并列第四）。长三角经济圈、东北地区以及西部地区城市得分相对略低；一线城市中的北京由于两个二级分项指数均表现较差，以 6.0 分的综合得分位列最后一名（见图 5－22）。青岛在产品市场发育程度指数上表现突出，超过上海、北京等一线城市，与济南并列第二。

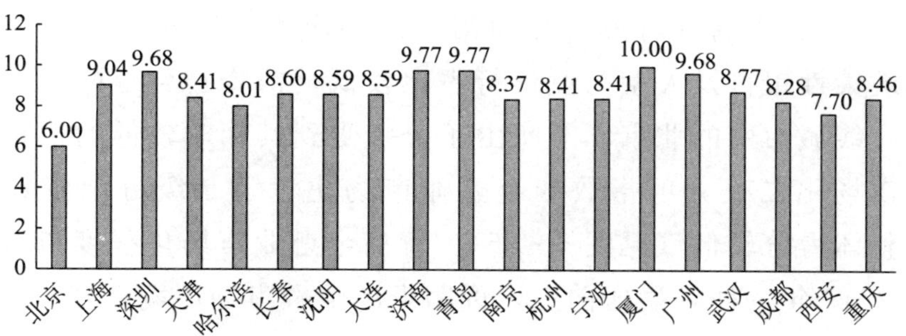

图 5-22　产品市场发育程度分项指数

（1）市场价格决定程度。该指数得分如图 5-23 所示。

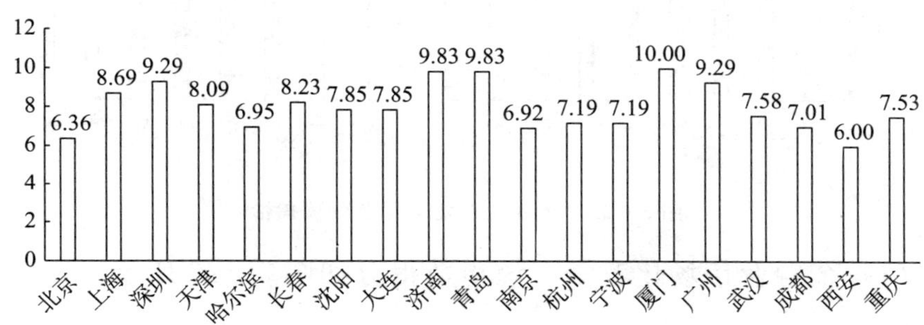

图 5-23　市场价格决定程度二级分项指数

（2）商品市场上的地方保护。该指数得分如图 5-24 所示。

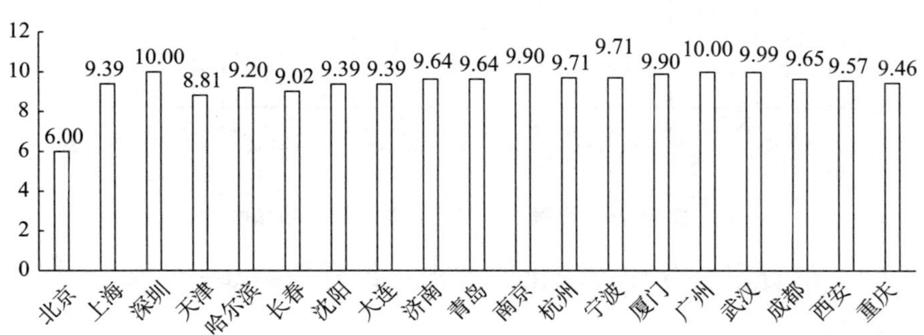

图 5-24　商品市场上的地方保护二级分项指数

4. 金融业市场化程度

金融业市场化程度分项指数具体衡量金融行业中的市场化水平，由金融业市场化竞争和信贷资金分配市场化两个二级分项指数构成。该指数得分越高，说明当地金融业发展环境越优越。

该指数得分排名前五的城市分别为杭州、宁波（与杭州并列第

一）、济南、青岛（与济南并列第三）和南京，这些城市的金融机构中政策性银行及大型商业银行占比较低，信贷资金分配更为市场化；一线城市中的北京和上海由于分别受到其相对较低的信贷资金分配市场化二级分项指数和金融业市场化竞争二级分项指数的影响，整体得分较低（见图 5－25）。青岛金融业市场化程度指数的得分与 2019 年一样，稳居前三，说明青岛金融市场环境良好、稳定。

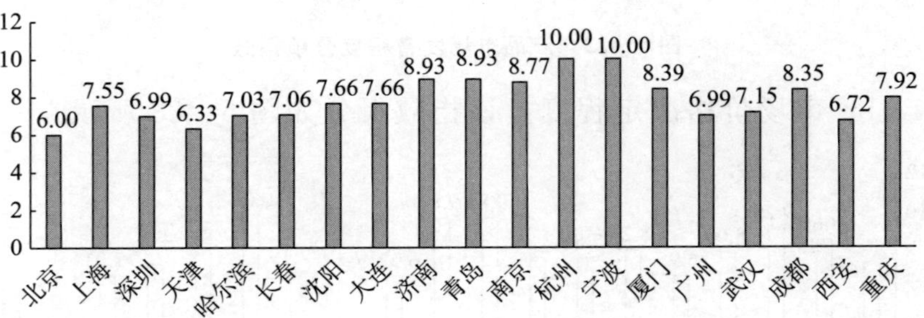

图 5－25　金融业市场化程度分项指数

（1）金融业市场化竞争。该指数得分如图 5－26 所示。

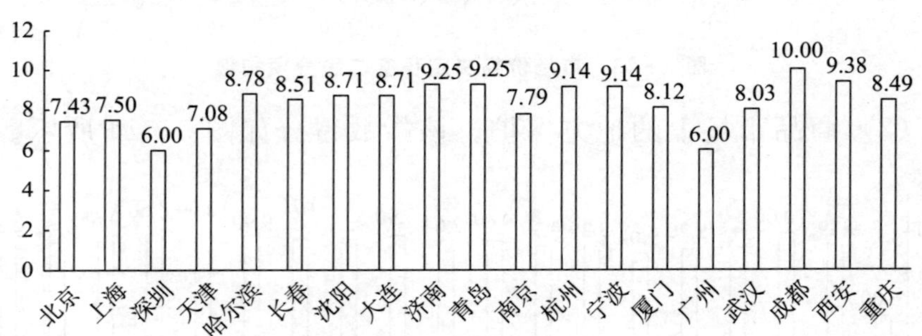

图 5－26　金融业市场化竞争二级分项指数

（2）信贷资金分配市场化。该指数得分如图 5－27 所示。

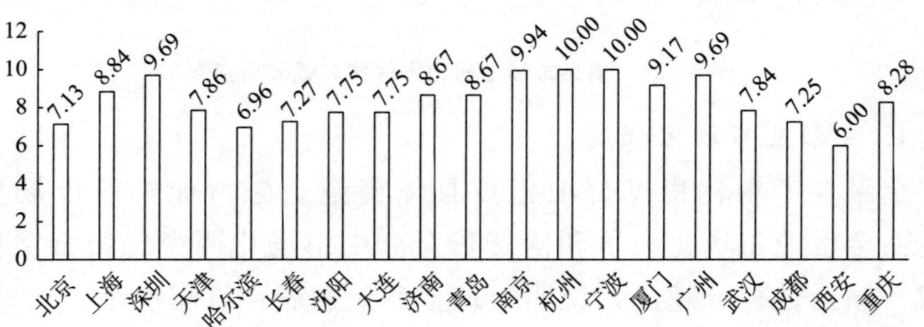

图 5－27　信贷资金分配市场化二级分项指数

5. 市场中介组织的发展

市场中介组织的发展分项指数被用于衡量各地区市场经济中中介组织发挥的作用，主要由行业协会对企业的帮助程度和市场法制环境两个二级分项指数构成。较为成熟的市场中介组织可以帮助市场经济实现更为快速的发展。

该指数排名前五的城市分别为上海、杭州、宁波（与杭州并列第二）、深圳、广州（与深圳并列第四），杭州和宁波虽然位居第二，但与上海具有较大差距，说明上海的市场中介组织的发展程度远远高于其他城市。青岛以 7.92 分与济南并列第八名，虽然相对于 2019 年排名已提升三位，但不可否认，青岛市场中介组织的发展仍然处于中等水平，未来有较大提升空间（见图 5－28）。

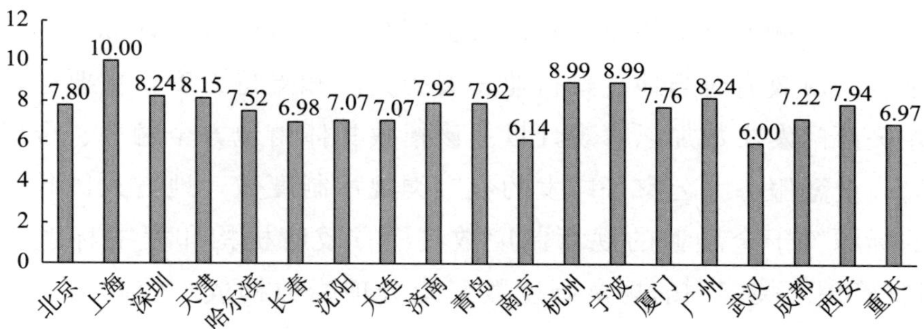

图 5－28　市场中介组织的发展分项指数

（1）行业协会对企业的帮助程度。该指数得分如图 5－29 所示。

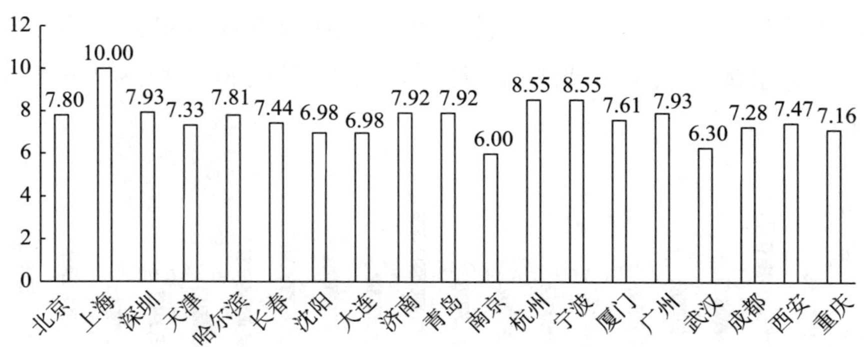

图 5－29　行业协会对企业的帮助程度二级分项指数

（2）市场法制环境。该指数得分如图 5－30 所示。

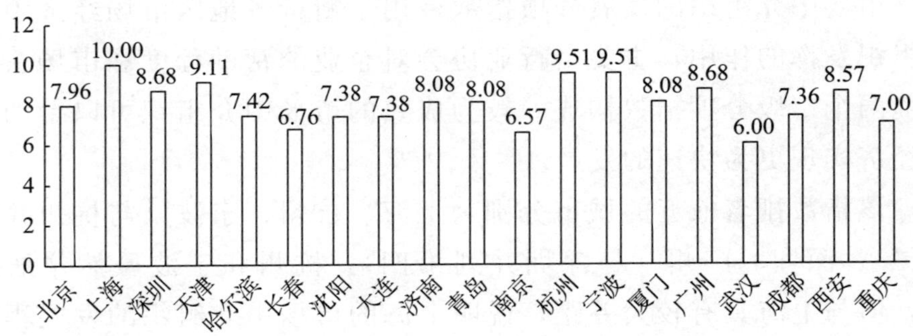

图 5－30　市场法制环境二级分项指数

（三）地区金融发展政策支持程度

地区金融发展政策支持程度方面指数旨在从金融管理部门的角度衡量各城市政府对当地金融行业发展的关注和支持力度，主要通过统计相关部门发文数加以客观计量。该指数具体由地方金融办、金融工作局、金融服务办公室等印发的金融类规章制度数，地方人民政府印发的标题关于金融业的规章制度数，地方政府机构印发的标题含有“财富管理”关键词的规章制度数三个分项指数构成。较高的方面指数得分表明当地政府出台了更多关于促进金融业发展的法规政策。

该方面指数得分排名前五的城市分别为青岛、上海、西安、杭州和厦门。青岛的排名相比 2019 年上升一位，这说明青岛相比其他城市提高了对金融发展的政策支持力度。沿海城市普遍得分较高；东北地区的哈尔滨、长春、沈阳和大连得分相对较低，均为 6～6.5 分（见图 5－31）。

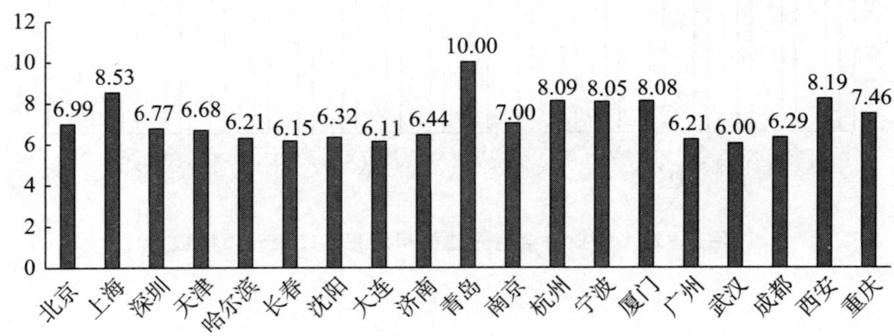

图 5－31　地区金融发展政策支持程度方面指数

1. 地方金融办、金融工作局、金融服务办公室等印发的金融类规章制度数

该分项指数主要衡量地区金融管理部门的活跃度，以过去五年印发的金融类规章制度数作为量化基础。可以看到，青岛、上海、厦门的得分均在 9 分以上，北京、宁波、重庆的得分为 8～9 分。除广州外的一线城市的金融管理部门的活跃度较高（见图 5－32）。

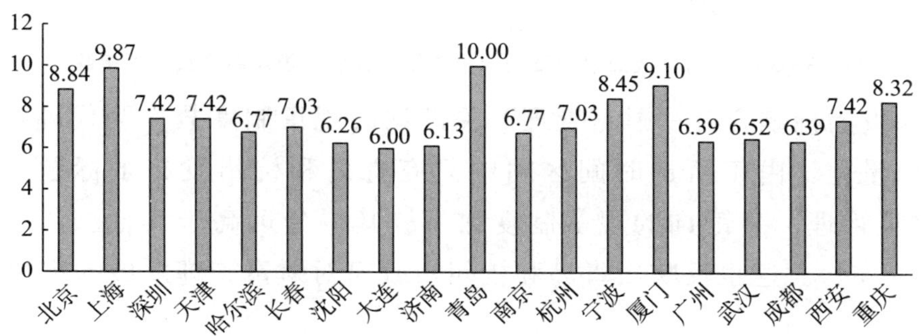

图 5－32　地方金融办、金融工作局、金融服务办公室等印发的金融类规章制度数分项指数

2. 地方人民政府印发的标题关于金融业的规章制度数

考虑到部分城市未专门设置金融办、金融工作局等金融部门，或者将金融规章制度数直接以人民政府的名义对外发布，我们增加了地方人民政府印发的标题关于金融业的规章制度数这一分项指数加以补充，衡量地区政府对金融发展的重视程度。该指数排名前五的城市分别为：西安、宁波、上海、南京和厦门（与南京并列第四）。青岛市以 7.33 分位列第九名，与 2019 年的第八名相比基本保持稳定，相比 2018 年的第十二名有明显进步，说明青岛市政府近年对金融发展高度重视，这将促进青岛整体金融环境的改善；由于该指数与地方金融办、金融工作局、金融服务办公室等印发的金融类规章制度数分项指数存在一定互补性，故一线城市得分相对偏低；东北地区城市除沈阳外得分均在 7 分以下（见图 5－33）。

3. 地方政府机构印发的标题含有“财富管理”关键词的规章制度数

具体到地方政府对财富管理行业的关注度，我们以地方政府机

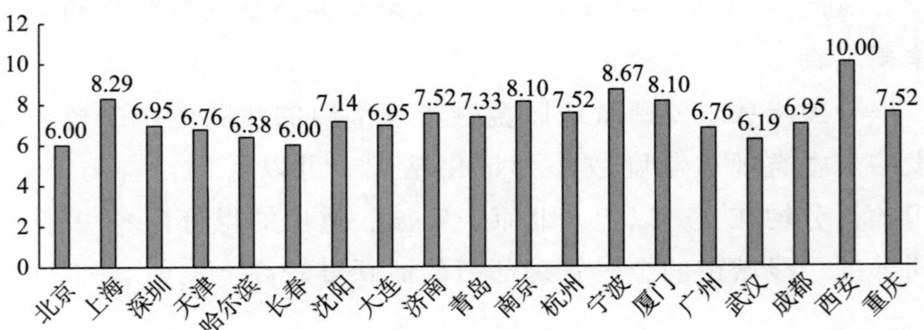

图 5-33　地方人民政府印发的标题关于金融业的规章制度数分项指数

构印发的标题含有“财富管理”关键词的规章制度数作为代理指标加以量化。由于所选时间区间中只有青岛和杭州发布了标题含有“财富管理”关键词的规章制度数，故其得分远高于其他城市（见图 5-34）。这也反映出青岛和杭州市政府对财富管理发展的重视。

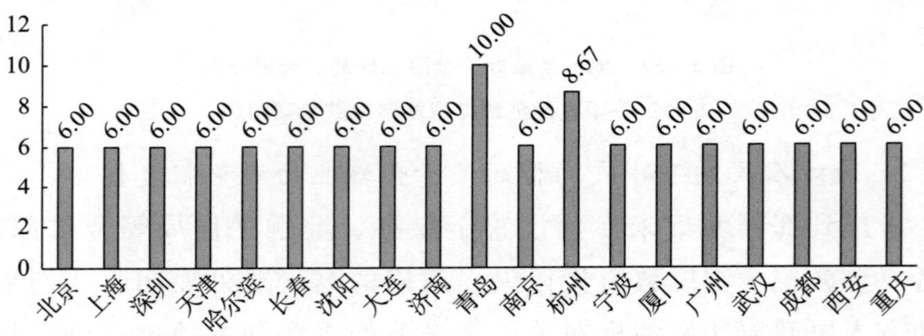

图 5-34　地方政府机构印发的标题含有“财富管理”关键词的规章制度数分项指数

(四) 地区金融规划重视程度

为了前瞻性地衡量地区政府对金融业尤其是财富管理行业发展的支持度，我们设置了地区金融规划重视程度方面指数，以各城市金融发展“十三五”规划中关键词词频作为数据基础。由于“十三五”规划在一定程度上反映了当地政府未来五年的发展重点，所以可以前瞻性地衡量各地区未来部分金融领域的发展空间。我们选取“金融机构”、“金融人才”和“财富管理”三个关键词构建分项指数，分别统计它们在“十三五”规划中出现的次数。

该分项指数得分排名前五的城市分别为广州、重庆、深圳、青岛

和北京，五者得分均在9.0分以上，其中青岛的得分为9.15分；东北和西部城市的得分多在7分以下，且城市间差距较小（见图5-35）。

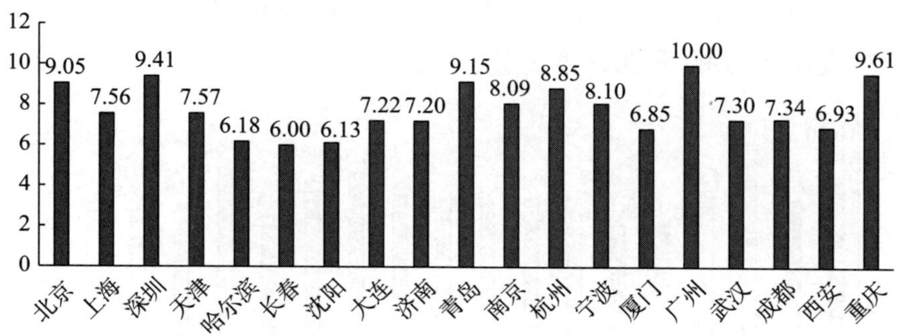

图5-35 地区金融规划重视程度方面指数

说明：由于目前部分城市金融发展“十三五”规划文件仍未发布或无法从公开渠道获得，故部分城市以金融发展“十二五”规划文件替代，若金融发展“十二五”规划文件和“十三五”规划文件均缺失，则以金融中心建设规划或者经济发展“十三五”规划替代。替代城市及所用文件分别为：大连——金融发展“十二五”规划；哈尔滨——区域金融中心建设规划；长春——经济与社会发展“十三五”规划。虽然部分城市文件统计口径未统一，但我们先以目前可获得的数据构建指数，待获取了相关政策文件后再对指数做相应调整。

1. 金融发展“十三五”规划中“金融机构”词频

金融发展“十三五”规划中“金融机构”词频分项指数可以用于衡量各地政府未来对金融机构发展的重视程度，得分排名前五的城市分别为：广州、重庆、深圳、宁波和北京，其中青岛的得分为7.94分，排名第六。广州和重庆的得分均在9.7分以上，远高于其他城市；东北和西部城市的得分普遍偏低，均为6～7分；其余城市的得分均为7～8分，且城市间差距较小（见图5-36）。

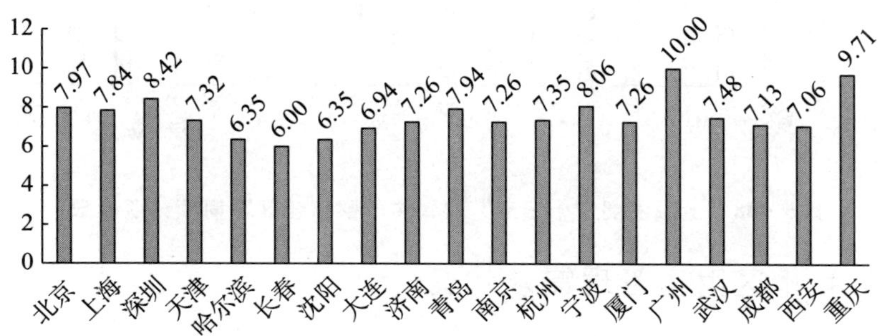

图5-36 金融发展“十三五”规划中“金融机构”词频分项指数

2．金融发展“十三五”规划中“金融人才”词频

该分项指数用于衡量地方政府未来对培养、引进金融人才的重视程度，得分排名前五的城市分别为北京、深圳、重庆、南京和广州，青岛以6.42分位列第16名。不同城市间得分差距较大，表明它们对金融人才的重视程度差别明显（见图5－37）。

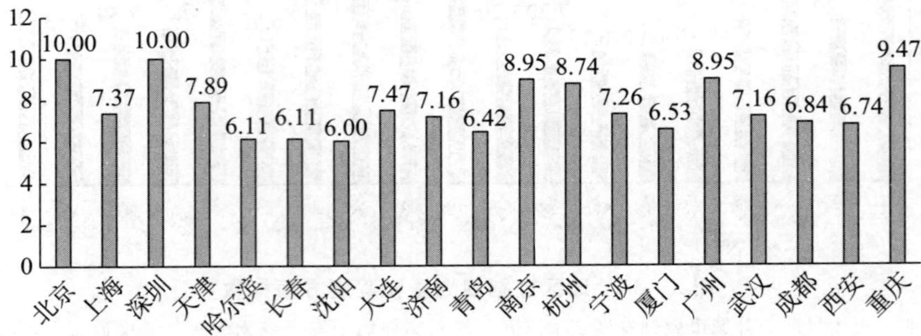

图5－37　金融发展“十三五”规划中“金融人才”词频分项指数

3．金融发展“十三五”规划中“财富管理”词频

该指数直接测度各城市对财富管理的重视度，得分排名前五的城市分别为青岛、杭州、广州、宁波和成都。青岛的得分远远超过其余城市，表明当地政府在五年中对这一行业的发展予以较大支持；其余城市的得分均在8.0分以下，也说明财富管理行业目前仍未得到多数城市的关注，未来发展空间较大（见图5－38）。

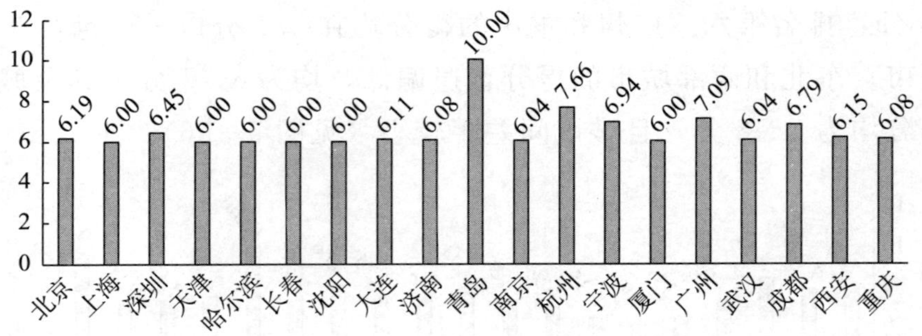

图5－38　金融发展“十三五”规划中“财富管理”词频分项指数

（五）地区财富管理需求状况

地区财富管理需求状况方面指数从需求的角度估计了各城市财富管理行业的市场空间，该指数得分越高，说明行业未来发展空间

越大。该方面指数由地区财富管理市场规模和地区居民对财富管理的认知状况两个分项指数构成。综合得分排名前五的城市分别为：北京、南京、大连、青岛和上海。青岛地区财富管理市场规模分项指数排名第十七，但由于在地区财富管理市场规模分项指数上除前五名外各城市之间得分差距较小，并且青岛在地区居民对财富管理的认知状况分项指数上表现突出，因此综合排名第四（见图 5－39）。

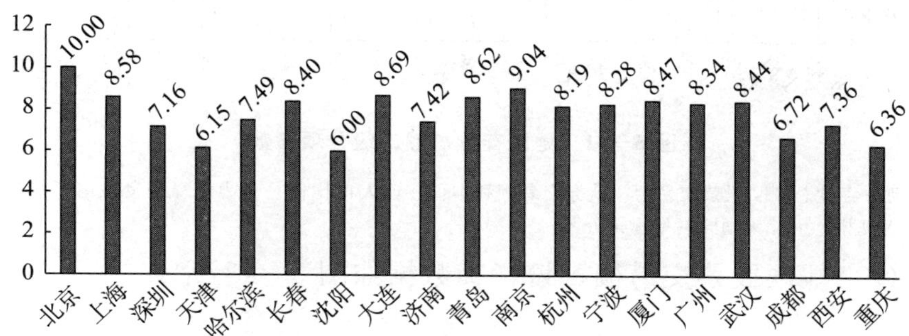

图 5－39　地区财富管理需求状况方面指数

1. 地区财富管理市场规模

地区财富管理市场规模分项指数以西南财经大学的家庭金融调查数据为基础，估计出需求测算函数，再将各城市财富变量代入求得。指数得分排名前五的城市分别是上海、北京、深圳、南京和杭州。青岛以 6.04 分位列第十八名；除上海得分为 10 分、北京得分为 9.79 分外，其余城市的得分均为 6～7.5 分，得分在 7 分以下的城市共有十三个（见图 5－40）。这表明我国财富管理市场规模相对集中，除北京、上海外各城市的财富管理市场规模仍有继续增长的空间。

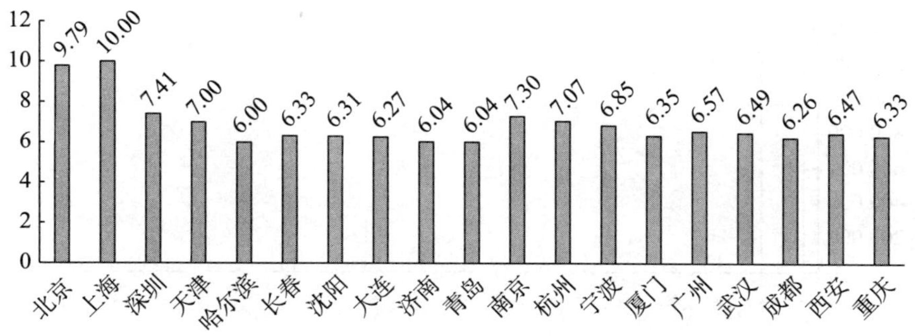

图 5－40　地区财富管理市场规模分项指数

（1）地区存款总额。该指标数据如图 5－41 所示。

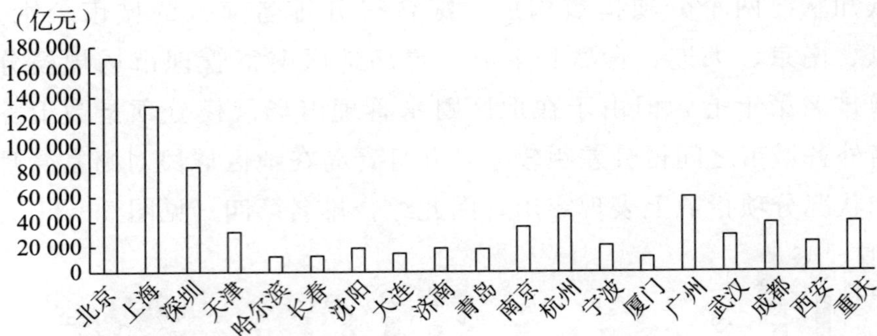

图 5－41　地区存款总额二级分项指数

说明：存款总额、股票交易额、债券交易额和本科在读人口比例是作为解释变量被用于估计家庭财富管理规模，因此无须绘制指标得分图。

（2）地区股票交易额。该指标数据如图 5－42 所示。

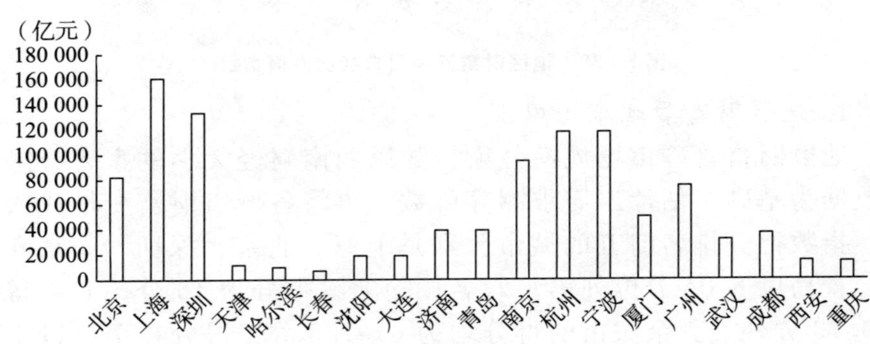

图 5－42　地区股票交易额二级分项指数

（3）地区债券交易额。该指标数据如图 5－43 所示。

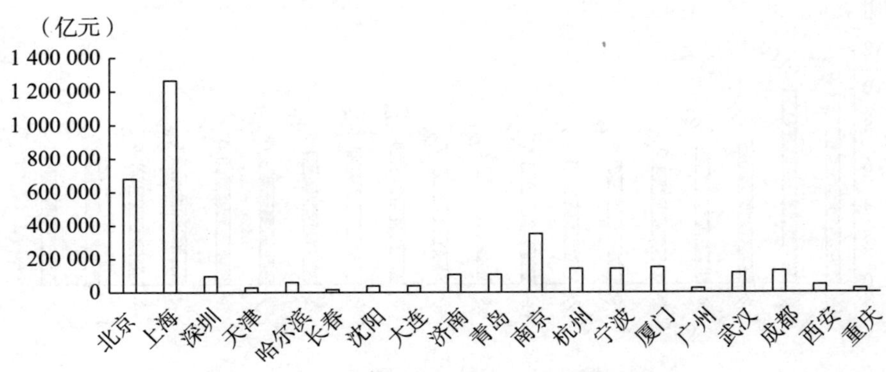

图 5－43　地区债券交易额二级分项指数

（4）地区本科在读人口比例。该指标数据如图 5-44 所示。

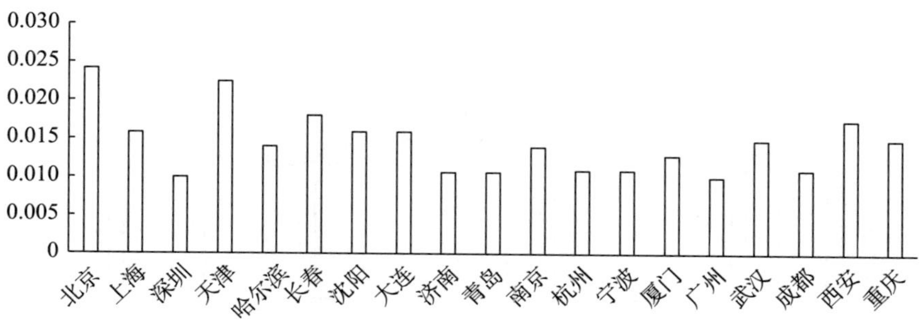

图 5-44 地区本科在读人口比例二级分项指数

2. 地区居民对财富管理的认知状况

该分项指数是通过对课题组问卷调查结果的整理得到的，主要用于了解各地区居民对财富管理的参与度、认知度和计划度，从微观角度测度行业未来需求。该分项指数主要包含财富管理参与度、财富管理认知度和财富管理计划度三个二级分项指数。综合得分排名前五的城市分别为：青岛、大连、厦门、长春和武汉，五者得分均在 9 分以上，青岛位列第一（见图 5-45）。

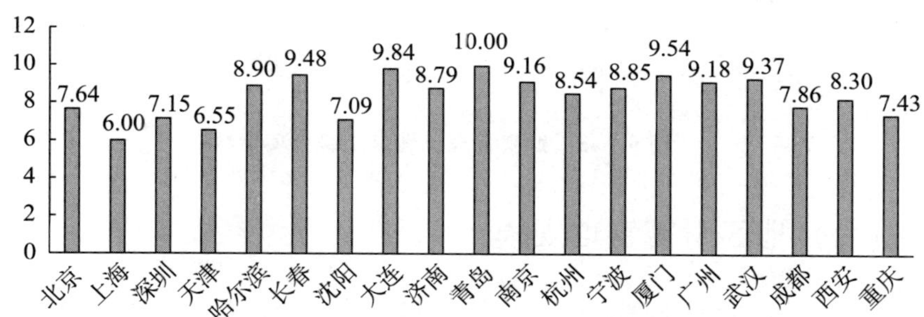

图 5-45 地区居民对财富管理的认知状况分项指数

（1）财富管理参与度。该指标得分如图 5-46 所示。

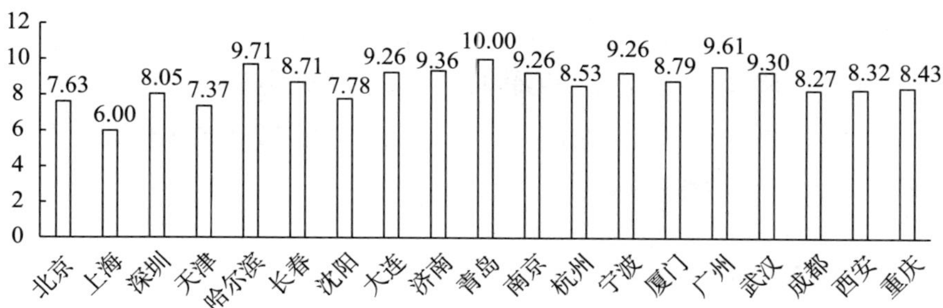

图 5-46 财富管理参与度二级分项指数

(2) 财富管理认知度。该指标得分如图 5－47 所示。

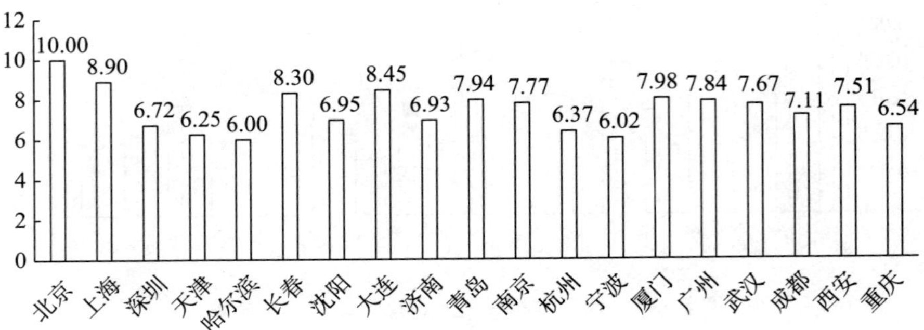

图 5－47　财富管理认知度二级分项指数

(3) 财富管理计划度。该指标得分如图 5－48 所示。

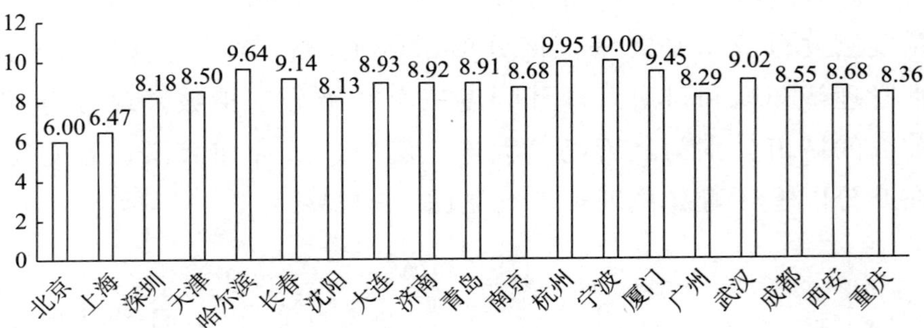

图 5－48　财富管理计划度二级分项指数

(六) 地区财富管理规模

地区财富管理规模方面指数直接测量各城市的理财规模，包含六个分项指数，分别从银行理财、保险资管、公募基金管理、私募基金管理、券商资管和信托资管六个方面加以测度。得分排名前五的城市分别为：上海、北京、深圳、南京和重庆，青岛以 6.54 分位列第十四名。除上海、北京和深圳的得分在 9 分以上外，其余城市的得分整体偏低，均在 8 分以下，排名前三的城市在财富管理规模上有绝对优势（见图 5－49）。

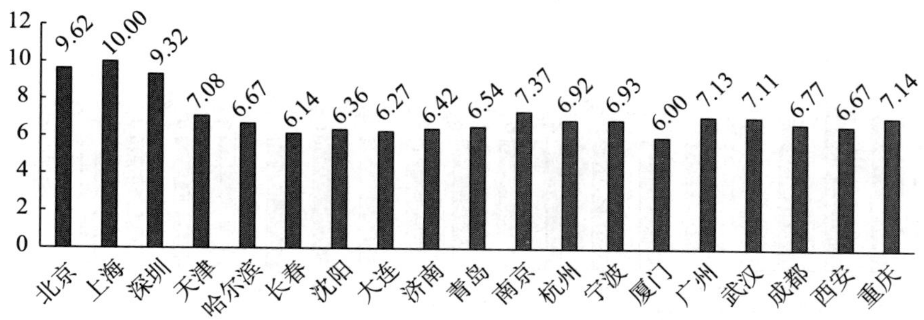

图 5-49 地区财富管理规模方面指数

1. 银行理财规模

银行理财规模指标得分如图 5-50 所示。

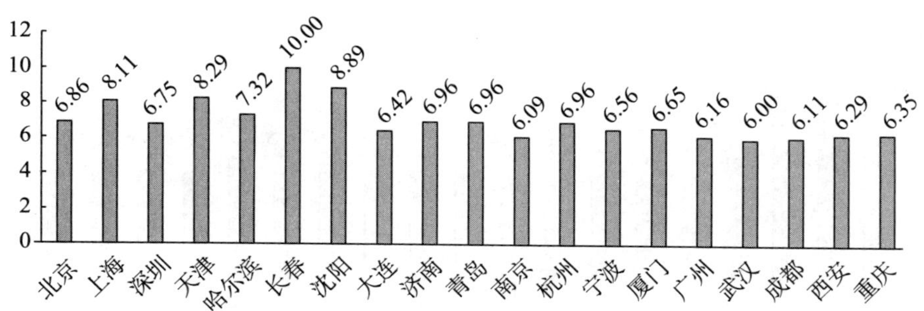

图 5-50 银行理财规模分项指数

2. 保险资管规模

保险资管规模指标得分如图 5-51 所示。

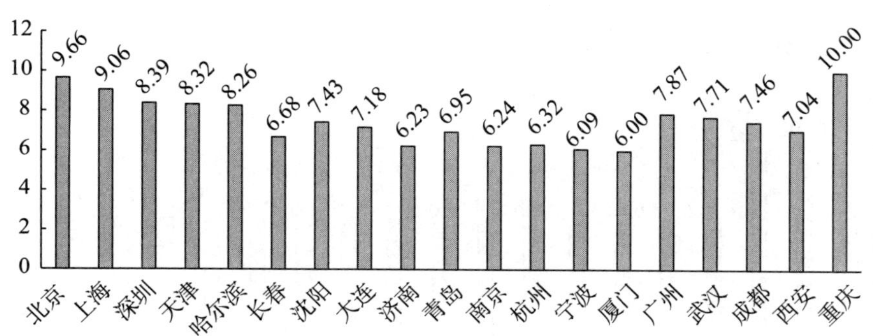

图 5-51 保险资管规模分项指数

3. 公募基金管理规模

公募基金管理规模指标得分如图 5-52 所示。

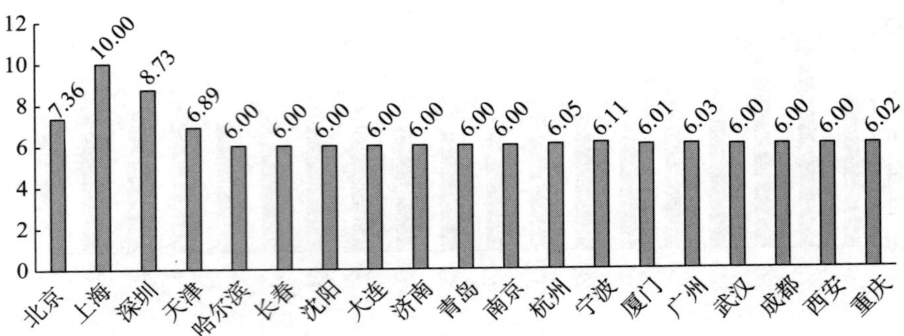

图 5-52　公募基金管理规模分项指数

4. 私募基金管理规模

私募基金管理规模指标得分如图 5-53 所示。

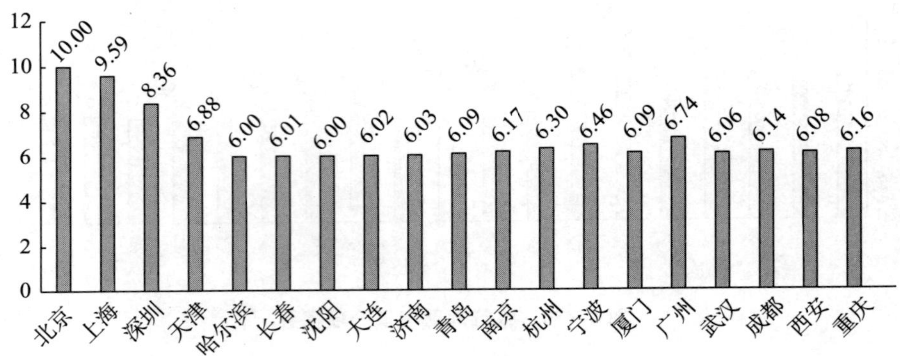

图 5-53　私募基金管理规模分项指数

5. 券商资管规模

券商资管规模指标得分如图 5-54 所示。

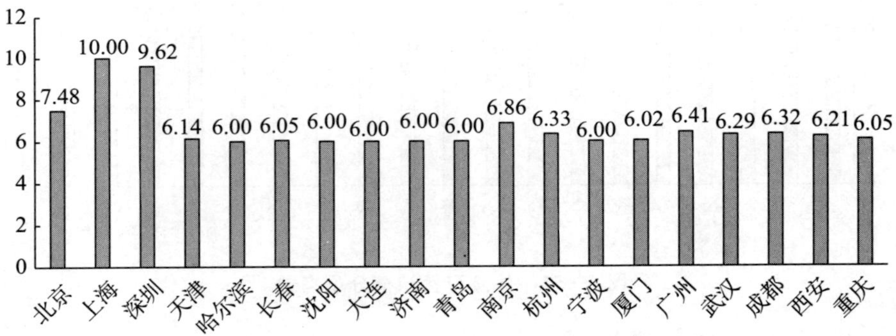

图 5-54　券商资管规模分项指数

6. 信托资管规模

信托资管规模指标得分如图 5－55 所示。

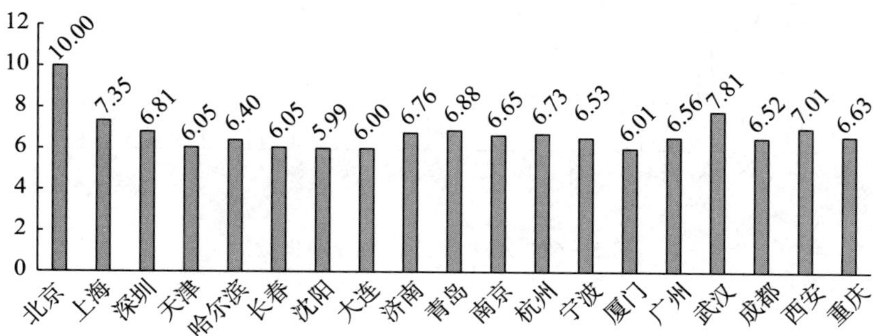

图 5－55 信托资管规模分项指数

(七) 地区理财师数量

地区理财师数量方面指数以各地金融理财师持证人数为计量依据，反映相应城市金融理财服务的质量，主要包括四个分项指数：AFP 持证人数、CFP 持证人数、EFP 持证人数和 CPB 持证人数。得分排名前五的城市分别为北京、上海、深圳、广州和杭州，青岛市以 6.39 分位列第十三名。除北京、上海、深圳、广州外，其余城市得分差距不大，均为 6～7 分，说明目前我国金融理财专业服务人员仍主要集中在一线城市（见图 5－56）。

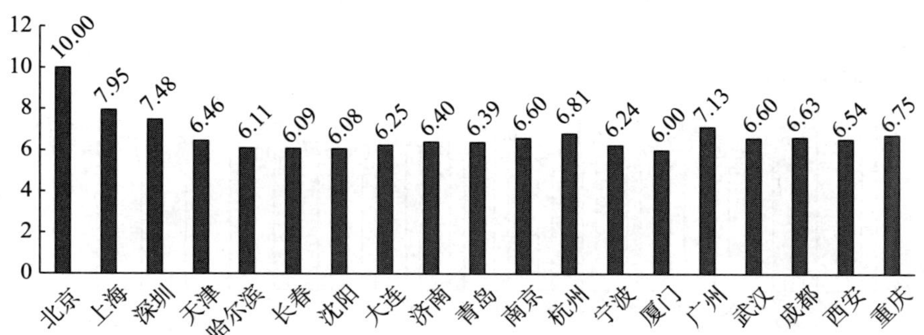

图 5－56 地区理财师数量方面指数

1. AFP 持证人数

AFP 持证人数指标得分如图 5－57 所示。

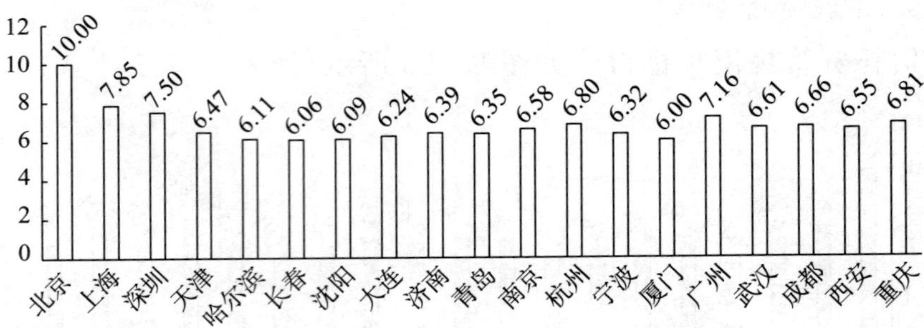

图 5-57　AFP 持证人数分项指数

2. CFP 持证人数

CFP 持证人数指标得分如图 5-58 所示。

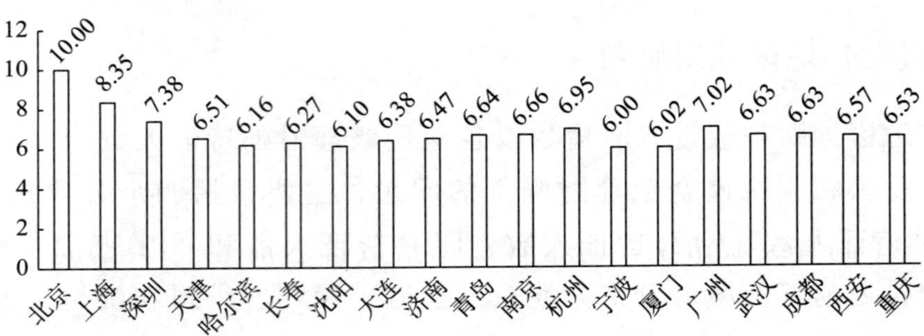

图 5-58　CFP 持证人数分项指数

3. EFP 持证人数

EFP 持证人数指标得分如图 5-59 所示。

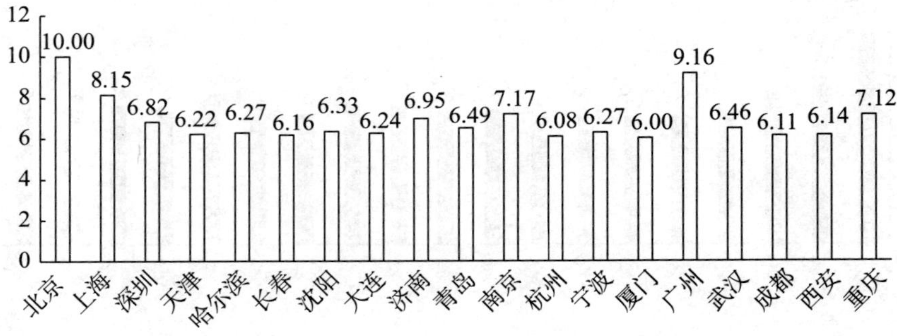

图 5-59　EFP 持证人数分项指数

4. CPB 持证人数

CPB 持证人数指标得分如图 5-60 所示。

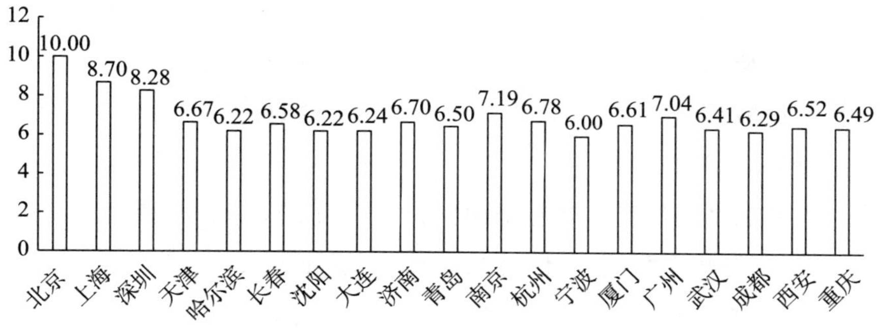

图 5-60　CPB 持证人数分项指数

六、结果分析

在综合考虑了地区经济市场化程度、地区金融发展政策支持程度、地区金融规划重视程度、地区财富管理需求状况、地区财富管理规模以及地区理财师数量六个一级指标之后，在我国四大直辖市和 15 个副省级城市中，财富管理总指数排名前五的城市分别为北京、上海、青岛、深圳和杭州。其中，青岛在地区财富管理需求状况、地区金融发展政策支持程度、地区金融规划重视程度和地区经济市场化程度等指标上均表现良好，因而青岛总指数排名与上年相比提升了一位，表明青岛在积极参与中国财富管理的实践中取得了初步的成绩，抓住了中国财富管理行业进一步发展的机遇。杭州、宁波等城市在地区经济市场化程度指标上表现良好，在其他指标上也没有明显“短板”，发展较为均衡，后劲较足。作为地方性金融中心，这几个城市有望在政府的扶持下进一步完善金融中心建设规划，为地区金融发展提供良好的制度与金融市场环境。虽然北京、上海、广州、深圳目前仍然牢牢占据着全国金融机构和政策中心、全国金融市场中心和全国资本市场中心的位置，但是，青岛等地方性金融中心的建设对我国金融业的整体繁荣仍然具有极大的战略意义。以青岛为代表的地方政府在建设当地金融市场上的决心和举措将在很大程度上影响其未来在国内的金融地位。

具体到分项指标上，各城市由于经济发展水平及产业结构等不

同而呈现不同的特征，各有长处。杭州、宁波、广州、济南和青岛的经济市场化程度排名前五，表明我国东南沿海及长江经济带城市经济市场化程度相对较高，良好的市场环境对地区经济的发展起到了强有力的支撑作用。

地区金融发展政策支持程度排名前五的城市分别为青岛、上海、西安、杭州和厦门，不同城市得分差异明显，在一定程度上反映出各地方政府对金融业特别是财富管理行业发展的认识存在异质性。青岛在该指标上表现突出，这说明青岛为当地的金融发展提供了良好的政策保障。

“十三五”规划是城市未来五年经济建设的风向标，广州、重庆、深圳、青岛和北京在地区金融规划重视程度方面指数中处于第一梯队，青岛在其金融“十三五”规划中多次提及财富管理战略，相应地，该指标得分超过部分一线城市，反映出当地政府充分发挥了促进财富管理未来发展的职能。

在本报告的需求测算口径下，北京、南京、大连、青岛和上海的财富管理需求相对较大。青岛在该项上排名靠前，但需要注意的是，青岛在地区财富管理市场规模分项指数上排名靠后，仍有很大的提升空间。

在我国目前的财富管理规模方面，上海、北京和深圳以绝对的领先优势占据前三名的位置。具体到 6 个二级指标，北京在信托资管规模和私募基金管理规模上拥有最大优势；上海在公募基金管理规模和券商资管规模上遥遥领先。在地区财富管理规模方面指数上，上海以 10 分位列第一，北京以 9.62 分位列第二。截至 2019 年，仅上海、北京和深圳这三个城市就占据了全国大约 45％的财富管理市场规模，是中国目前当之无愧的金融资源聚集和辐射地。而处在第二梯队的广州、天津、重庆、成都、武汉、杭州、南京、青岛等城市，其财富管理规模自 2012 年开始也步入了快速上升通道，这些城市有望通过政府指引和市场驱动全面支撑地区财富管理中心的发展。

从地区理财师数量的角度看，北京、上海、深圳、广州和杭州

位列前五名，青岛以6.39分位列第十三名，北京以绝对优势占据第一，其余城市得分差距不大，说明目前我国金融理财专业服务人员仍主要集中在一线城市。

总体来看，目前我国副省级城市的财富管理行业发展状况仍然呈现出不平衡、不全面的特点：一线城市财富管理行业发展强劲，尤其在地区财富管理规模及地区财富管理需求状况上具有明显优势，而东北及西部城市在这两个指标上整体得分偏低。综合考察财富管理总指数与各分项指数不难发现，综合得分较高的城市在分项指数上也存在一些“短板”。例如：北京总指数排名第一，但其在地区经济市场化程度方面指标上得分较低；上海总指数排名第二，但在地区金融规划重视程度分项上排名靠后（第十名）。此外，虽然一线城市在财富管理行业中处于优势地位，但我们也可以看到，以青岛、杭州、重庆等为代表的二线城市，其财富管理行业在经济金融基础相对薄弱的环境下，仍然取得了较大的发展成果。随着我国社会主义市场经济体系的完善，居民财富管理需求不断上升，财富管理行业在各地方政府对金融业的重视与支持下必将迎来更为快速的发展。

第六章

财富管理前瞻指数

一、财富管理前瞻指数简介

（一）前瞻指数的设计目的

前瞻指数的设计目的有三个：一是从需求和供给两个角度对整个国家财富管理行业的发展前景进行预测；二是对行业内不同类型机构、不同产品的发展趋势进行预测；三是从区域角度对不同区域财富管理行业的发展潜力进行预测。因此财富管理前瞻指数可分为三大类：一是财富管理规模发展动态演进指数，该指数以全国为测算范围，计算财富管理规模的动态变化规律；二是财富管理行业发展前瞻指数，该指数旨在对财富管理主要行业的发展状况进行测算；三是财富管理区域发展前瞻指数，该指数旨在对目标区域财富管理的动态发展规律进行测算。

（二）前瞻指数的计算方法

前瞻指数主要是想从指数中直观观察未来发展潜力，因此在该指数的计算中，除利用已有指数值外，还将计算每一个二级指标的

环比发展速度，并通过因子分析法，计算得到每个指标所占的权重，然后得出最终指数值。

（三）前瞻指数的替代选择

事实上，除前瞻指数外，我们仍然有其他可选择方案对财富管理指数体系进行前瞻展望。其中一个可行的选择方案就是，借助经济学、统计学等理论与技术手段，对规模指数、产品指数及各地区财富管理指数进行预测。本研究除构建相应的前瞻指数外，还将对各指数值进行前瞻展望以供对比参考。

二、前瞻指数的指标体系构成

从上述目的出发，前瞻指数的构成指标可包括反映当前发展现状的同期指标与反映未来发展潜力的领先指标。从数据的可获得性、与其他指数指标构成的一致性角度出发，本研究中的大部分指标与规模指数一致，并包括国内生产总值（GDP）这一反映未来财富管理潜力的指标在内。

（一）财富管理规模发展动态演进指数

财富管理规模发展动态演进指数的指标体系构成如表 6－1 所示。

表 6－1　财富管理规模发展动态演进指数的指标体系构成

一级指标		二级指标（财富管理业务）*
全行业发展潜力		GDP
银行业	银行业理财产品资金余额	银行理财产品、私人银行业务
证券业	证券业资管规模	集合资产管理计划、定向资产管理计划、专项资产管理计划等
保险业	保险资金运用余额	万能险、投连险、企业年金、养老保障及其他委托管理资产等
信托业	信托业资管规模	单一资金信托、集合资金信托
基金业	基金业资管规模	公募基金、各类非公募资产管理计划、私募证券投资基金、私募股权投资基金、创业投资基金等

* 各指标所涵盖的各财富管理业务资金规模总和即为该行业财富管理规模。

（二）财富管理行业发展前瞻指数

财富管理行业的发展包括两个方面：一方面是规模的发展，另一方面是产品的发展。因此，财富管理行业发展前瞻指数的指标体系应包括财富管理规模发展动态演进指数的所有指标，再加上产品发展指标体系（如表 6－2 所示）。

表 6－2　产品发展指标体系

一级指标	二级指标
银行业	银行业理财产品发行数量
证券业	券商新成立产品总数
保险业	保险资管产品发行数量
基金业	公募基金发行数量
	基金公司及其子公司资管产品发行数量
信托业	证券投资信托产品发行数量
	贷款类信托产品发行数量
	股权投资信托产品发行数量
	债权投资信托产品发行数量
	权益投资信托产品发行数量
	组合投资信托产品发行数量
	其他投资信托产品发行数量

（三）财富管理区域发展前瞻指数

财富管理区域发展潜力主要取决于四个方面：一是行业自身发展潜力，二是本地财富管理人才基础，三是当地民众对财富管理的认知与支持程度，四是地方政府与监管部门对财富管理的支持程度。而影响全国财富管理发展潜力的部分指标，比如国民财富总体水平等对地区发展潜力几乎没有影响，因为从金融角度看我国基本是一个统一市场，财富管理的对象（即剩余资金）可以在全国范围内流动，何处潜力巨大就流向哪里。因此，在财富管理区域发展前瞻指数中将不包括这一部分。财富管理区域发展前瞻指数的具体构成如表 6－3 所示，其中二级指标中的指数与区域财富管理指数构成基本相同。

表 6－3 财富管理区域发展前瞻指数构成

一级指标	二级指标
行业发展基础	地区财富管理规模
	产品市场发育程度
	市场中介组织的发展
人才基础	地区理财师数量
	本科就读指数*
民众需求基础	地区居民对财富管理的认知状况
政策基础	行业协会对企业的帮助程度
	地区金融规划重视程度

说明：* 前面章节图表中的“地区本科在读人口比例”指标为千人本科就读比例实数，本章中采用的指标为“本科就读指数”。

三、前瞻指数计算结果

（一）财富管理规模发展动态演进指数

1. 规模指数各指标发展速度

首先计算财富管理各行业发展速度，因为这是财富管理发展潜力的行业基础。计算结果如表 6－4 所示。

表 6－4 财富管理规模发展动态演进指数构成指标的发展速度

一级指标		各指标发展速度					
		2014 年	2015 年	2016 年	2017 年	2018 年	2019 年
银行业	银行业理财产品资金余额	1.55	1.73	1.33	0.96	0.99	1.06
证券业	证券业资管规模	1.53	1.50	1.48	0.96	0.79	0.81
保险业	保险资金运用余额	1.21	1.20	1.20	1.11	1.10	1.13
信托业	信托业资管规模	1.28	1.17	1.24	1.30	0.86	0.95
基金业	基金业资管规模	2.27	2.10	1.38	1.01	1.01	1.01

按2014—2019年数据，从指标发展速度看，全国范围内银行理财产品资金余额在2015年发展迅速，增速达到最高，从2016年开始增速下降，至2017年、2018年逐年下降，2018年降幅有所减小，直至2019年才恢复增长。证券业在2014年、2015年、2016年均有50%左右的增长。受宏观形势与证券业行情的影响，2017年出现负增长，资管规模较上年下降了4%，2018年降幅更大，达21%，2019年又下跌19%，而且下跌趋势难以止住。保险业连续六年保持平稳增长，前三年增幅均在20%左右，在2017—2019年监管收紧的情况下，依然获得了10%以上的增速。信托业前四年增速都较快，但2018年有较大降幅，2019年下跌趋势也没有缓解。基金业资管规模在2014年、2015年每年增长一倍以上，2016年增幅急剧下降，仅为38%，2017—2019年每年均增长1%，与除保险业之外的其他行业相比已经相当不错。

2. 各指标权重

虽然金融业近年来有较大幅度波动，但金融格局并无本质变化，因此本年度权重依然通过因子分析法获取，最终结果与往年相比无大差异，各指标的权重如表6-5所示。

表6-5　规模指数各构成指标的权重

一级指标		权重（%）
GDP		10.47
银行业	银行业理财产品资金余额	26.17
证券业	证券业资管规模	18.20
保险业	保险资金运用余额	18.37
信托业	信托业资管规模	10.77
基金业	基金业资管规模	16.02

由各指标权重可见，影响我国财富管理规模发展潜力的最重要因素仍然是银行业理财产品的发展，其影响力超过了1/4；证券业与保险业的影响力接近，而信托业的影响力最小，这可能是因为信托业在整个金融行业内，其整体影响力还有限。GDP对财富管理发展潜力的影响仅与信托业相当，这反映了我国经济仍以实体经济为主的现状。

3. 指数计算结果

指数计算结果如表 6 - 6 所示。

表 6 - 6 我国财富管理规模发展动态演进指数

	2014 年	2015 年	2016 年	2017 年	2018 年	2019 年
总指数	150.37	147.6	127.89	106.14	97.03	100.54

由表 6 - 6 可见，最近几年，我国财富管理规模发展动态演进指数呈现总体下降的趋势。具体来看，该指数增速在 2016 年和 2017 年有了较大降幅：2016 年财富管理发展前瞻指数仅为 127.89，比 2015 年低近 20；2017 年该指数仅为 106.14，较 2016 年又下降了 20 多。2018 年直接降至 97.03，跌破 100，出现负增长，但 2019 年又反弹至 100.54。可见，我国财富管理行业的规模发展已经到了一个瓶颈期。

(二) 财富管理行业发展前瞻指数

如前所述，行业发展前景既以现有规模为基础，又以各行业的创新能力为保障，而创新能力的最主要体现，就是产品的创新能力。

1. 各指标的发展速度

规模指标的发展速度如前述表 6 - 4 所示；产品发展指标体系各指标的发展速度如表 6 - 7 所示。

表 6 - 7 产品发展指标体系各指标的发展速度

一级指标	二级指标	指标发展速度					
		2014 年	2015 年	2016 年	2017 年	2018 年	2019 年
银行业	银行业理财产品发行数量	1.25	1.03	1.08	1.28	0.68	0.70
证券业	券商新成立产品总数	1.59	1.67	1.66	1.13	0.71	0.87
保险业	保险资管产品发行数量	1.70	0.69	1.26	1.42	0.99	1.20
基金业	公募基金发行数量	0.95	0.69	1.26	1.42	0.99	1.22
	基金公司及其子公司资管产品发行数量	2.79	1.38	0.56	0.35	0.65	0.92

续表

一级指标	二级指标	指标发展速度					
		2014 年	2015 年	2016 年	2017 年	2018 年	2019 年
信托业	证券投资信托产品发行数量	2.76	1.49	0.27	1.75	0.54	0.96
	贷款类信托产品发行数量	1.11	0.69	0.86	1.05	1.03	1.11
	股权投资信托产品发行数量	0.89	1.03	0.89	1.10	0.83	0.55
	债权投资信托产品发行数量	1.40	0.88	0.96	0.53	0.96	1.67
	权益投资信托产品发行数量	1.87	0.53	0.90	1.15	1.02	0.78
	组合投资信托产品发行数量	1.07	0.68	0.99	1.21	0.89	0.89
	其他投资信托产品发行数量	1.03	0.90	1.61	1.41	1.10	1.37

由表 6－7 可见，银行业理财产品有一定创新能力，2014—2017 年都有一定的增长，其中 2014 年、2017 年均有 25%以上的增长。但是从 2018 年起由于经济形势的变化，银行业理财产品发行数量开始负增长，下降幅度达 30%。证券业与银行业规律相似，2016 年及以前创新较银行更为显著，每年新成立产品总数的增幅均在 60%左右，2017 年增幅下降，仅为 13%，2018 年下降 29%，2019 年下降 13%。基金业 2014 年、2015 年两年创新主要体现在基金公司及其子公司资管产品上，2014 年增长 179%，2015 年增长 38%，而同期公募基金发行数量都在下降。2016 年、2017 年两年创新主要体现在公募基金上，其发行数量增幅都在 25%以上。2018 年无论公募基金还是其他基金业产品的发行数量均有所下降，特别是基金公司及其子公司资管产品的发行数量下降了 35%。到 2019 年，公募基金的发行数量恢复增长，增幅达 22%，但其他基金业产品在上年大幅下跌的基础上继续下跌 8%。信托业 2014 年是创新高峰期，除股权投资信托产品外，其他信托产品的发行数量均有不同程度的增长，证券投资信托产品发行数量增长超过一倍。到 2016 年，则以其他投资信托产品（不属于证券投资类、贷款类、股权投资类、债权投资类、权益投资类和组合投资类）为主，这更体现了信托业的创新能力。保险业的创新能力有较大波动，2014 年、2016 年、2017 年以及 2019 年均有较亮眼表现，2015 年与 2018 年表现较差，这与保险

产品生命周期相关：与其他金融产品不同，保险产品有显著的长期特征，一项新保险产品的出现，将占据市场较长时间，因此2014年的创新高峰使2015年创新积极性不足，而2015年新产品总量增加较少又使2016年、2017年出现较大的创新空间。同理，2017年的大幅增长使得2018年增长后劲不足，出现1%的负增长，给2019年的增长留下了市场空间，使2019年增长20%。

2. 指标权重

我们将因子分析法与专家访谈法结合起来进行分析，发现本年度产品发展指标体系各指标的权重有较明显的变化，如表6－8所示。

表6－8 行业发展产品创新指标权重

一级指标	权重（%）	二级指标	权重（%）
银行业	15.78	银行业理财产品发行数量	100
证券业	20.89	券商新成立产品总数	100
保险业	20.64	保险资管产品发行数量	100
基金业	20.04	公募基金发行数量	55.83
		基金公司及其子公司资管产品发行数量	44.17
信托业	22.65	证券投资信托产品发行数量	20.39
		贷款类信托产品发行数量	7.17
		股权投资信托产品发行数量	19.59
		债权投资信托产品发行数量	4.26
		权益投资信托产品发行数量	4.97
		组合投资信托产品发行数量	15.30
		其他投资信托产品发行数量	28.32

从一级指标权重看，与规模指标不同，影响产品创新能力的最重要行业是信托业，其次是证券业，银行业反而是创新能力最不足的领域。这与银行业的保守经营风格紧密相关。

3. 指数计算结果

财富管理各行业发展指数及财富管理行业发展总指数的计算结果如表6－9所示。

表 6-9 财富管理行业发展指数值

	2014 年	2015 年	2016 年	2017 年	2018 年	2019 年
银行业发展指数	125	103	108	128	68	70
证券业发展指数	159	167	166	113	71	87
保险业发展指数	170	69	126	142	99	120
基金业发展指数	176	99	95	95	84	109
信托业发展指数	142	98	98	131	89	102
财富管理行业发展总指数	155	107	119	122	83	99

从财富管理行业发展指数角度看，银行业与证券业在保持了连续四年的平稳增长后，在 2018 年开始出现较大幅度的负增长且持续至 2019 年。保险业呈现一定波动，除 2015 年和 2018 年下滑外，其他年份保持一定增长。基金业在 2014 年有较大幅度的增长，随后开始逐年下跌，直至 2019 年恢复增长，增速为 9%。信托业发展指数 2014 年急剧增长 42%后，连续两年出现负增长，2017 年报复性反弹，发展指数达到 131，但 2018 年又下滑，2019 年恢复增长。总体上而言，财富管理行业发展总指数自 2014 年起连续四年超过 100，2018 年和 2019 年有所下滑。这与我国经济发展新常态紧密相关，表明我国财富管理行业将随经济发展逐渐走向成熟。

（三）财富管理区域发展前瞻指数

1. 财富管理区域发展前瞻指数各指标值

财富管理区域发展前瞻指数各指标与次级指数值如表 6-10 所示。

表 6-10 财富管理区域发展前瞻指数各指标及次级指数值

城市	指标							
	地区财富管理规模	产品市场发育程度	市场中介组织的发展	地区理财师数量	本科就读指数*	行业协会对企业的帮助程度	地区金融规划重视程度	地区居民对财富管理的认知状况
北京	10.00	6.00	8.27	10.00	10.00	8.44	9.05	7.64
上海	9.89	8.80	10.00	7.90	7.63	10.00	7.56	6.00

续表

城市	指标							
	地区财富管理规模	产品市场发育程度	市场中介组织的发展	地区理财师数量	本科就读指数*	行业协会对企业的帮助程度	地区金融规划重视程度	地区居民对财富管理的认知状况
深圳	8.58	9.73	8.07	7.30	6.00	8.22	9.41	7.15
天津	7.29	8.28	8.82	6.45	9.48	8.04	7.57	6.55
哈尔滨	6.55	8.03	7.57	6.13	7.09	8.22	6.18	8.90
长春	6.12	8.64	7.16	6.09	8.23	7.54	6.00	9.48
沈阳	6.34	8.63	7.07	6.05	7.79	7.16	6.13	7.09
大连	6.23	8.63	7.07	6.29	7.79	7.16	7.22	9.84
济南	6.21	9.85	7.41	6.39	6.13	7.54	7.20	8.79
青岛	6.50	9.85	7.41	6.42	6.13	7.54	9.15	10.00
南京	6.95	8.35	6.49	6.60	7.09	6.00	8.09	9.16
杭州	6.73	8.42	8.97	6.83	6.29	8.84	8.85	8.54
宁波	6.61	8.42	8.97	6.27	6.29	8.84	8.10	8.85
厦门	6.00	10.00	7.94	6.00	6.81	8.08	6.85	9.54
广州	6.99	9.73	8.07	7.04	6.00	8.22	10.00	9.18
武汉	6.95	8.61	6.00	6.53	7.37	6.36	7.30	9.37
成都	6.60	8.26	7.20	6.55	6.15	7.30	7.34	7.86
西安	6.59	7.60	7.62	6.46	8.19	7.59	6.93	8.30
重庆	7.21	8.35	7.39	6.70	7.40	7.33	9.61	7.43

区域财富管理各指标及次级指数值的分析，在区域财富管理指数中已有说明，这里不再赘述。

2. 财富管理区域发展前瞻指数指标权重

由于行业与经济形势的变化，本年度财富管理区域发展前瞻指数权重采用因子分析法重新计算，所得出的各指标的权重如表 6-11 所示。

表 6-11 财富管理区域发展前瞻指数各指标权重

一级指标	二级指标	权重（%）
行业发展基础	地区财富管理规模指数	11.52
	产品市场发育程度	13.89
	市场中介组织的发展	12.21

续表

一级指标	二级指标	权重（%）
人才基础	地区理财师数量	12.71
	本科就读指数	12.04
民众需求基础	地区居民对财富管理的认知状况	14.15
政策基础	行业协会对企业的帮助程度	9.91
	地区金融规划重视程度	13.55

由表 6－11 可见，影响财富管理区域发展前瞻指数的因素与地区居民对财富管理的认知状况、地区金融规划重视程度、产品市场发育程度、地区理财师数量有较强的相关性。由此可见，区域财富管理发展水平既与政府支持程度紧密相关，又与理财领域的人才发展及当地的财富管理文化相关。

3. 指数结果

以前述各指标值与权重为基础计算所得出的各地区财富管理区域发展前瞻指数值如图 6－1 所示。

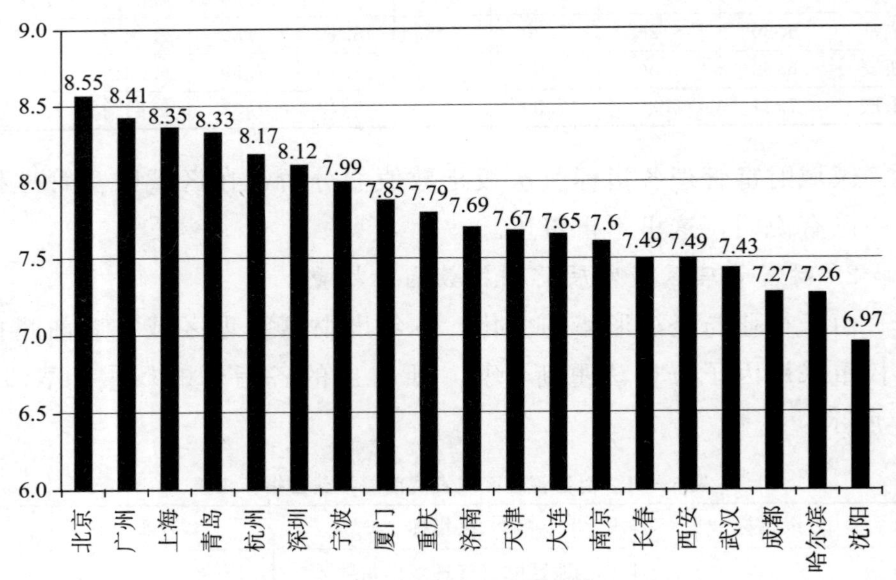

图 6－1　各地区财富管理区域发展前瞻指数

由图 6－1 可见，各地区财富管理区域发展前瞻指数值由大到小，排在前六位的分别是北京、广州、上海、青岛、杭州、深圳，青岛的

排名较上年度上升一位。这些城市的该指数排名比较符合一般认知。

四、财富管理指数前瞻展望

(一) 规模及行业指数前瞻展望

同样以规模指数的构成指标为基准，本章对 2020 年指标的取值进行了测算，并对 2021 年的数值进行了预测。[①]

1. 分行业财富规模

2020 年的测算值及 2021 年的预测值，以及 2018 年和 2019 年两年的实际值如表 6－12 所示，其动态特征如图 6－2 所示。

表 6－12　2018—2021 年中国财富管理行业规模　　单位：万亿元

一级指标名称	2018 年	2019 年	2020 年	2021 年
银行业理财产品资金余额	22.04	23.4	24.61	25.73
证券业资管规模	13.36	10.83	10.72	10.64
保险资金运用余额	16.41	18.53	20.01	22.13
信托业资管规模	22.7	21.6	22.15	22.49
基金业资管规模	37.03	37.38	39.52	40.73

说明：2018 年、2019 年为实际值，2020 年为测算值，2021 年为预测值。

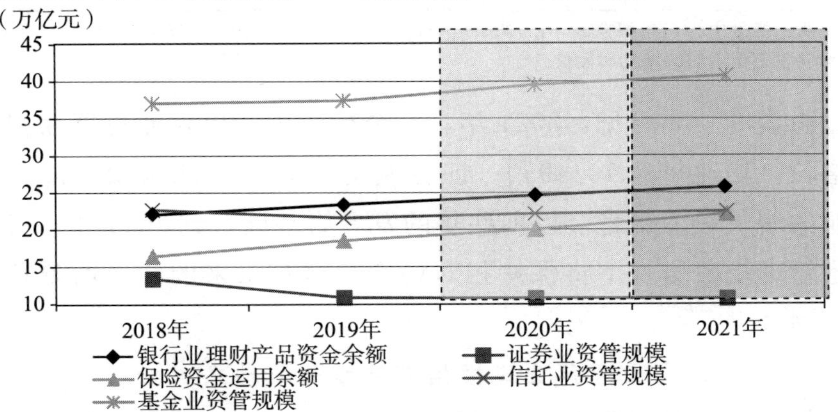

图 6－2　2018—2021 年中国财富管理行业规模动态发展特征

说明：2018 年、2019 年为实际值，2020 年为测算值，2021 年为预测值。

---

① 测算时已取得实际数据的指标以实际数据为准，未取得实际数据的，基于已有数据以静态 ARIMA 方法预测，最后以实测数据与预测数据混合代入进行测算；2021 年预测值则均以静态 ARIMA 方法预测指标值计算。

从表 6－12 中数据与图 6－2 可见，基于我国经济社会发展的现状与未来，我国财富管理规模将进一步扩大，除证券业以外的各行业规模都将获得进一步增长。在财富管理行业规模上，基金业将占最大比例，其他依次是银行业、信托业、保险业和证券业。

2. 分行业财富管理指数及其增长率动态

银行业、证券业等五行业财富管理指数及其增长率的 2020 年测算值和 2021 年预测值，以及 2018 年和 2019 年两年的实际值如表6－13 所示。

表 6－13　中国财富管理行业规模一级指数及其增长率

一级指数	2018 年	2019 年	2020 年	2021 年
银行业指数	337.52 (－5.59%)	358.35 (6.17%)	376.40 (5.04%)	394.74 (4.87%)
证券业指数	257.42 (－20.85%)	208.67 (－18.94%)	206.36 (－1.11%)	205.15 (－0.59%)
保险业指数	213.45 (9.97%)	241.05 (12.93%)	260.30 (7.99%)	287.61 (10.49%)
信托业指数	208.07 (－13.52%)	197.98 (－4.85%)	203.72 (2.90%)	206.22 (1.23%)
基金业指数	673.97 (1.17%)	679.97 (0.89%)	718.72 (5.70%)	740.26 (3.00%)

说明：括号中为当年指数的环比增长率。指数以 2013 年为 100，2018 年和 2019 年为实际值，2020 年为测算值，2021 年为预测值。

由表 6－13 可见，2021 年，五个行业中，保险业可能获得最快的增长，增速将达 10.49%；证券业资管规模可能略微下降；其他行业的增长较为平稳。以前些年的发展为基础，到 2021 年，各行业财富管理指数增长率将保持相对稳定，这与未来的经济前景预期也比较吻合。

3. 中国财富管理行业规模指数及增长率动态

仍以中国财富管理行业规模指数一节测得的权重为准对 2020 年指数值进行测算，并对 2021 年指数值进行预测，得到中国财富管理行业规模指数及增长率的 2020 年测算值及 2021 年预测值，连同 2018 年和 2019 年两年的实际值列在表 6－14 中，其动态特征如图 6－3 所示。

表 6-14　2018—2021 年中国财富管理行业规模指数及其增长率

年份	2018 年	2019 年	2020 年	2021 年
指数	337.81	337.02	345.32	356.44
增长率（%）	−4.26	−0.24	2.46	3.22

说明：指数以 2013 年为 100，2018 年和 2019 年为实际值，2020 年为测算值，2021 年为预测值。

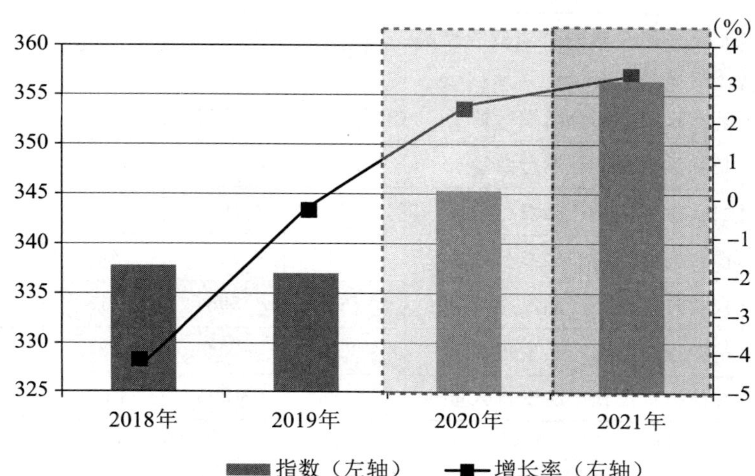

图 6-3　2018—2021 年中国财富管理行业规模指数及其增长率动态

由表 6-14 及图 6-3 可知：2018 年中国财富管理行业规模指数遭遇较大挫折，出现 4.26%的负增长；2019 年仍未恢复，有 0.24%的轻微下跌；测算得出 2020 年实现 2.46%的正增长；预测 2021 年将实现 3.22%的正增长。总体而言，前两年受资管新规影响，财富管理行业发展动力较弱，从 2020 年开始财富管理行业规模指数开始从负增长转变为正增长，但受经济形势影响，反弹幅度并不是很理想。

（二）产品指数前瞻展望

我们仍选择产品指数的一级指标与二级指标进行产品指数前瞻展望。

1. 行业产品数据前瞻

分行业产品发行数量 2020 年测算值及 2021 年预测值如表 6-15 所示。

表 6-15　2018—2021 年中国财富管理产品发行数量　　单位：只

一级指标	二级指标	2018 年	2019 年	2020 年	2021 年
银行业	银行业理财产品发行数量	176 239	124 078	164 997	174 633
证券业	券商新成立产品总数	7 435	6 473	7 254	7 589
保险业	保险资管产品发行数量	213	255	260	285
基金业	公募基金发行数量	855	1 047	1 028	1 018
	基金公司及其子公司资管产品发行数量	1 259	1 163	2 568	3 329
信托业	证券投资信托产品发行数量	1 866	1 798	1 202	774
	贷款类信托产品发行数量	986	1 093	1 069	1 057
	股权投资信托产品发行数量	182	101	76	43
	债权投资信托产品发行数量	254	425	423	422
	权益投资信托产品发行数量	763	596	518	401
	组合投资信托产品发行数量	228	204	224	229
	其他投资信托产品发行数量	2 336	3 205	3 898	5 379

说明：2018 年和 2019 年两年为实际数，2020 年为测算值，2021 年为预测值。

由表 6-15 可见，2018—2020 年财富管理各行业发行的产品数量中，银行业仍为理财领域的巨无霸，独占约 80%的份额；证券业和保险业资管产品数量较为稳定，证券业基本持平，保险业小幅上升，我们预估 2021 年保险资管产品发行数量将继续提升；基金业仍以基金公司及其子公司资管产品为主；而信托业各类产品中，证券投资信托产品、贷款类信托产品、其他投资信托产品将是主要产品类型。

2. 各行业分类产品指数前瞻

2018—2021 年中国财富管理产品二级指数如表 6-16 所示。

表 6-16　2018—2021 年中国财富管理产品二级指数

一级指标	二级指标	2018 年	2019 年	2020 年	2021 年
银行业	银行业理财产品发行数量	122.35	86.14	114.55	121.24
证券业	券商新成立产品总数	352.87	307.21	344.30	360.18
保险业	保险资管产品发行数量	206.80	247.57	252.89	276.87
基金业	公募基金发行数量	220.93	270.54	265.65	262.97
	基金公司及其子公司资管产品发行数量	48.89	45.17	99.73	129.27

续表

一级指标	二级指标	2018 年	2019 年	2020 年	2021 年
信托业	证券投资信托产品发行数量	104.77	100.95	67.52	43.43
	贷款类信托产品发行数量	70.43	78.07	76.35	75.51
	股权投资信托产品发行数量	74.90	41.56	31.28	17.70
	债权投资信托产品发行数量	61.20	102.41	101.83	101.63
	权益投资信托产品发行数量	104.52	81.64	70.91	54.87
	组合投资信托产品发行数量	77.03	68.92	75.51	77.53
	其他投资信托产品发行数量	231.52	317.64	386.31	533.15

说明：2018 年、2019 年为实际值，2020 年为测算值，2021 年为预测值。

由表 6－16 可见，基金公司及其子公司资管产品指数预期 2021 年超过 2013 年水平，其他年份均未达到 2013 年水平；信托业产品中，除债权投资信托产品和其他投资信托产品外，其他产品基本都没有达到2013 年水平；券商新成立产品、保险资管产品、公募基金与其他投资信托产品都在较高水平上保持发展。

3. 分行业产品指数前瞻

从银行业、证券业、保险业、基金业与信托业五个行业来分析产品发展指数，可对指数进行 2020 年数值测算及 2021 年数值预测。2018 年和 2019 年实际值、2020 年测算值及 2021 年预测值如表 6－17 所示。

表 6－17　2018—2021 年中国财富管理产品一级指数

一级指数	2018 年	2019 年	2020 年	2021 年
银行业	122.35 (－31.61%)	86.14 (－29.60%)	114.55 (32.98%)	121.24 (5.84%)
证券业	352.87 (－28.94%)	307.21 (－12.94%)	344.30 (12.07%)	360.18 (4.61%)
保险业	206.8 (－1.39%)	247.57 (19.71%)	252.89 (2.15%)	276.87 (9.48%)
基金业	242.45 (－13.20%)	208.27 (－14.10%)	178.90 (－14.10%)	198.79 (11.12%)
信托业	88.88 (－25.75%)	84.41 (－5.03%)	80.17 (－5.02%)	107.09 (33.58%)

说明：括号中为当年指数的同比增长率。指数以 2013 年为 100，2018 年、2019 年为实际值，2020 年为测算值，2021 年为预测值。

由表 6－17 可见，受诸多政策影响，2018 年信托业指数大幅萎缩，低于基期（2013 年），其他行业指数较上年底均有所下降，降幅最大的是银行，降幅接近 1/3；2019 年除保险业外，其他行业指数均较上年度有所下降。但从 2020 年开始，大部分行业指数将缓慢恢复，预期 2021 年均会有所增长。

4. 中国财富管理产品指数前瞻

以上述分行业产品指数测算值与预测值为基础，以中国财富管理产品指数一节中测算的权重加以测算，即可获得 2020 年中国财富管理产品指数的测算值与 2021 年的预测值，加上 2018 年与 2019 年的实际值，一并列入表 6－18。其动态发展如图 6－4 所示。

表 6－18　2018—2021 年中国财富管理产品指数

年份	2018 年	2019 年	2020 年	2021 年
指数	191.18	200.58	198.34	208.79
增长率（%）	－21.15	4.92	－1.12	5.27

说明：指数以 2013 年为 100，2018 年和 2019 年为实际值，2020 年为测算值，2021 年为预测值。

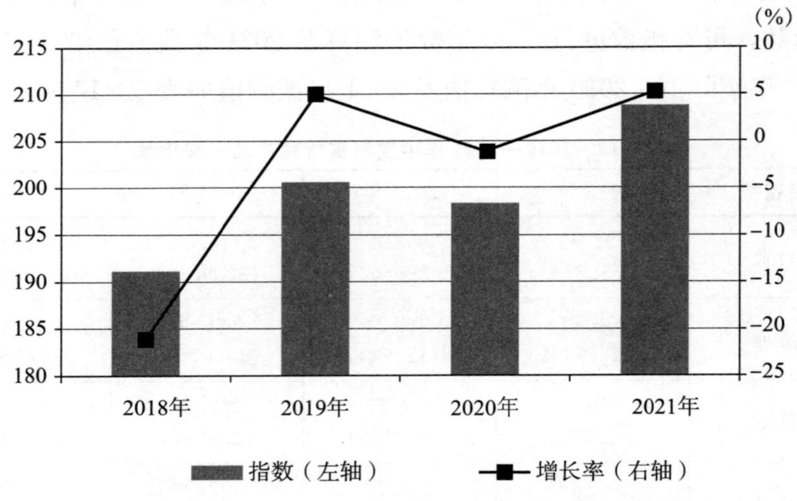

图 6－4　2018—2021 年中国财富管理产品指数及其增长率动态

由表 6－18 与图 6－4 可见，中国财富管理产品指数在 2020 年有一定幅度下降，2021 年将有所增长。

由于各区域指数计算中用到的大量调查数据为时点数据，同时媒体舆情数据、政策相关数据为政策性、社会性外生变量，不宜进行估算和预测，因此本报告不做区域指数预测。

第七章

结　论

本书所编制的财富管理指数涵盖了全球财富管理发展宏观指数、中国财富管理行业发展指数、区域财富管理指数以及财富管理前瞻指数四大类。通过规范的数据处理和科学的编制方法，在全球、全国、区域三个层次上对财富管理发展进行多维度、综合性的测评。

研究发现，第一，北美地区与亚太地区财富管理总指数表现优异，仍排在前两位。在其他地区中，东欧地区因其较为稳定的增长和改善的环境而位列第四名，而中东与非洲地区的环境得分低很可能直接导致了其排序为最后。总体上看，在2019年，全球财富管理行业增长仍在持续，但受2020年新冠肺炎疫情影响，全球财富管理规模波动较大。传统优势地区在规模和发展环境上的优势仍然存在，新兴市场国家和地区需要继续改善自身的财富管理行业发展环境，并谋求更加稳定的增长。中国在亚太地区财富管理行业中始终扮演着重要角色，可以预计，未来亚太地区财富管理行业仍然能保持较快速的发展。

第二，中国财富管理行业规模指数呈先增后减趋势。分一级指标来看，七年间我国财富管理规模的各一级指数总体呈上升趋势，增长率整体呈现下降趋势，2020年证券业和信托业规模指数均处于

下降通道，而银行业、保险业和基金业指数逆势上涨。从财富管理产品的角度来看，过去几年我国财富管理产品的发展历程可以划分为两个阶段：第一阶段为2013—2017年的高速增长阶段，四年间增长了1.4倍；第二阶段为2018年至今的下行趋缓阶段，2018年指数大幅下降至191.18，同比下降了21%，截至2020年上半年，总指数为115.65。从财富管理机构发展指数的角度来看，我国财富管理机构发展指数总体呈下降趋势，表明在过去的几年间我国财富管理机构的集中度逐步下降。具体来说，一方面，监管部门出台了一系列规范资管市场的新政，同业竞争环境得到明显改善，五大传统金融行业内部机构间的财富管理业务竞争日趋激烈；另一方面，随着我国金融行业间混业经营、合作的深入，资管行业的同质性愈发彰显，行业间竞争更为激烈，导致全行业集中度大幅下跌。

第三，财富管理机构的社会声誉在逐年提升。作为传统的金融机构，商业银行和保险公司的社会认知度明显高出很多。从市场认知的角度看，传统财富管理机构的优势还是比较明显。此外，媒体对财富管理机构的看法整体上呈正面，并与股票市场的波动、外部经济环境相关。从媒体角度看，除2016年受股票市场波动及2020年受疫情影响外，财富管理机构声誉状况在持续改善。

第四，近年来中国财富管理行业的从业人员数量和素质都有了持续的增长，但是行业内高端人才的发展依然比较缓慢，高端人才匮乏的局面并没有得到根本性改变。

第五，从对全国4个直辖市和15个副省级城市的区域财富管理行业发展的比较可以看出，财富管理总指数排名前五的分别为北京、上海、青岛、深圳和杭州。虽然北京、上海目前仍然牢牢占据着全国金融机构和政策中心、全国金融市场中心和全国资本市场中心的位置，但是，青岛等地方性金融中心的建设对我国金融业的整体繁荣仍然具有极大的战略意义。

第六，从对前瞻指数的分析可以看出，基于我国经济社会发展的现状与未来，我国财富管理规模将进一步扩大，除证券业以外的各行业规模都将获得进一步增长。在财富管理行业规模上，基金业

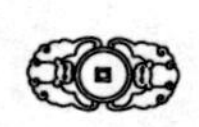

将占最大比例，其次是银行业、信托业、保险业和证券业。从区域发展角度看，虽然二线城市近来的发展势头良好，但是，受经济基础和外部环境的制约，在未来相当长一段时间内，北京、上海、深圳三大一线城市的财富管理仍然会处于领先地位，地区发展差异化态势仍将持续。